CONTEÚDO DIGITAL PARA ALUNOS

Cadastre-se e transforme seus estudos em uma experiência única de aprendizado:

Escaneie o QR Code para acessar a página de cadastro.

Complete-a com seus dados pessoais e as informações de sua escola.

Adicione ao cadastro o código do aluno, que garante a exclusividade de acesso.

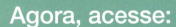

7399020A7963760

Agora, acesse:
www.editoradobrasil.com.br/leb
e aprenda de forma inovadora e diferente! :D

Lembre-se de que esse código, pessoal e intransferível, é válido por um ano. Guarde-o com cuidado, pois é a única maneira de você utilizar os conteúdos da plataforma.

AKPALÔ
CIÊNCIAS

COLEÇÃO AKPALÔ

Denise Bigaiski
- Licenciada em Ciências Biológicas pela Universidade Federal do Paraná (UFPR)
- Pós-graduada em Magistério Superior
- Professora do Ensino Fundamental

Lilian Sourient
- Licenciada em Ciências Sociais pela Universidade Federal do Paraná (UFPR)
- Professora do Ensino Fundamental

3º ANO
Ensino Fundamental
Anos Iniciais

CIÊNCIAS

Palavra de origem africana que significa "contador de histórias, aquele que guarda e transmite a memória do seu povo".

São Paulo, 2019
4ª edição

Editora do Brasil

Dados Internacionais de Catalogação na Publicação (CIP)
(Câmara Brasileira do Livro, SP, Brasil)

Bigaiski, Denise
  Akpalô ciências, 3º ano / Denise Bigaiski, Lilian Sourient. – 4. ed. – São Paulo: Editora do Brasil, 2019. – (Coleção akpalô)

  ISBN 978-85-10-07391-2 (aluno)
  ISBN 978-85-10-07392-9 (professor)

  1. Ciências (Ensino fundamental) I. Sourient, Lilian. II. Título. III. Série.

19-26298   CDD-372.35

Índices para catálogo sistemático:
1. Ciências : Ensino fundamental 372.35
Maria Alice Ferreira – Bibliotecária – CRB-8/7964

4ª edição / 1ª impressão, 2019
Impresso na AR Fernandez Gráfica

Rua Conselheiro Nébias, 887
São Paulo, SP – CEP 01203-001
Fone: +55 11 3226-0211
www.editoradobrasil.com.br

© Editora do Brasil S.A., 2019
Todos os direitos reservados

Direção-geral: Vicente Tortamano Avanso

Direção editorial: Felipe Ramos Poletti
Gerência editorial: Erika Caldin
Supervisão de arte e editoração: Cida Alves
Supervisão de revisão: Dora Helena Feres
Supervisão de iconografia: Léo Burgos
Supervisão de digital: Ethel Shuña Queiroz
Supervisão de controle de processos editoriais: Marta Dias Portero
Supervisão de direitos autorais: Marilisa Bertolone Mendes

Supervisão editorial: Angela Sillos
Coordenação pedagógica: Josiane Sanson
Edição: Ana Caroline Rodrigues de M. Santos
Assistência editorial: Camila Marques
Copidesque: Gisélia Costa, Ricardo Liberal e Sylmara Beletti
Revisão: Alexandra Resende, Ana Carla Ximenes, Elaine Cristina da Silva e Martin Gonçalves
Pesquisa iconográfica: Amanda Felício, Daniel Andrade e Douglas Cometti
Assistência de arte: Letícia Santos e Josiane Batista
Design gráfico: Estúdio Sintonia e Patricia Lino
Capa: Megalo Design
Imagens de capa: asiseeit/iStockphoto.com, Sergei Kolesnikov/Shutterstock.com e Wavebreakmedia/iStockphoto.com
Ilustrações: Alex Argozino, Alex Cói, Camila Hortencio, Daniel Klein, Dawidson França, Eduardo Belmiro, Erik Malagrino, Fabiana Salomão (aberturas de unidade), Fabiano dos Santos, Flip Estúdio, Hélio Senatore, Henrique Machado, Imaginario Studio, João P. Mazzoco, Karina Faria, Leonardo Conceição, Luis Moura, Marcos de Mello, Michel Borges, Rafael Herrera, Reinaldo Rosa, Reinaldo Vignati e Robson Olivieri Silva
Coordenação de editoração eletrônica: Abdonildo José de Lima Santos
Produção cartográfica: DAE (Departamento de arte e editoração eletrônica), Sonia Vaz
Editoração eletrônica: Sérgio Rocha
Licenciamentos de textos: Cinthya Utiyama, Jennifer Xavier, Paula Harue Tozaki e Renata Garbellini
Controle de processos editoriais: Bruna Alves, Carlos Nunes, Rafael Machado e Stephanie Paparella

Querido aluno,

Este livro foi pensado e produzido para você, que sente prazer em conhecer cada vez mais o mundo em que vivemos.

Ao utilizá-lo, com a orientação do professor, você aprenderá muitas coisas sobre os astros que vemos no céu, sobre o planeta em que vivemos e os seres vivos com os quais o compartilhamos, sobre componentes dos ambientes, como o solo, a água e o ar, sobre fenômenos da natureza, como o som e a luz, entre outros assuntos.

Para que tudo isso aconteça, esteja atento ao que o professor e os colegas dizem, faça perguntas, procure aprender e seja crítico. Participe dos trabalhos em equipe e discuta as ideias respeitando a opinião de todos.

Sua atuação pode fazer a diferença para tornar o mundo melhor e mais justo!

Aproveite bem este ano!

As autoras

Marcos de Mello

Sumário

UNIDADE 1
Observando o céu 6

Capítulo 1: Astros que vemos no céu 8
Viagem espacial 8
Alguns astros do Universo 10

Capítulo 2: O tempo passa 14
Tudo tem seu tempo 14
Os dias e as noites 15

Capítulo 3: A Terra e suas representações 18
Representação do planeta Terra 18
O globo terrestre 19
O planisfério 20
Olhando para nosso planeta 23

Capítulo 4: Um pouco sobre exploração espacial 26
Brincando de astronauta 26
A tecnologia e a observação do Universo 27
> **Como eu vejo: História da exploração espacial** 34
> **Como eu transformo: A divulgação das explorações espaciais** 36

> Hora da leitura: Luar do sertão 37
> Revendo o que aprendi 38
> Nesta unidade vimos 40
> Para ir mais longe 41

UNIDADE 2
O que possibilita a vida na Terra 42

Capítulo 1: Componentes não vivos da Terra 44
As cores da natureza 44
Terra, um planeta especial 45

Capítulo 2: Ar 50
Brincadeiras ao ar livre 50
O ar em toda parte 51

Capítulo 3: Água 54
A presença da água 54
A importância da água 55
> **#Digital: Registrando a presença de água** 57

Capítulo 4: Solo 60
Os solos são todos iguais? 60
Composição dos solos 61
Importância do solo 64
O solo e as plantas 68
Conhecendo melhor as flores 69

> Hora da leitura: Terra e o conhecimento da natureza 76
> Ciências em ação: Conservação do solo 77
> Revendo o que aprendi 78
> Nesta unidade vimos 80
> Para ir mais longe 81

UNIDADE 3
Os animais 82

Capítulo 1: Os animais 84
Onde estão os animais? 84
Adaptação dos animais 85
Alimentação e locomoção dos animais 87

Capítulo 2: Nascimento e desenvolvimento dos animais 90
A rapidez do desenvolvimento dos animais .. 90
Nascimento dos animais 91
Desenvolvimento dos animais 93

Capítulo 3: Agrupando os animais 96
Agrupar para organizar 96
Por que agrupar os seres vivos? 97
Os animais e a coluna vertebral 100

Capítulo 4: Animais × cuidados 104
Que animais são esses? 104
Animais venenosos: riscos para a saúde 105
Vamos falar sobre extinção 109

> #Digital: Animais ameaçados de extinção 115
> Como eu vejo: As fases da vida 116
> Como eu transformo: Minha relação com uma pessoa estimada 118

> **Hora da leitura:** Borboleta-azul 119
> **Revendo o que aprendi** 120
> **Nesta unidade vimos** 122
> **Para ir mais longe** 123

UNIDADE 4
Energia: som, luz e calor 124

Capítulo 1: Som 126
Que som é esse? 126
O que é som? 128

Capítulo 2: Luz 132
A luz ou a falta dela 132
Características da luz 134

Capítulo 3: Calor 138
Testando a sensação térmica 138
O que é calor? 139

Capítulo 4: Som, luz e os sentidos 142
De onde está vindo o som? 142
O som e a audição 143
A luz e a visão 145

> #Digital: A luz em nossa vida 146

> **Hora da leitura:** A estrelinha mágica 148
> **Ciências em ação:** Cuidados com a audição 149
> **Revendo o que aprendi** 150
> **Nesta unidade vimos** 152
> **Para ir mais longe** 153

Atividades para casa 154
Referências 170
Encartes 171

UNIDADE 1
Observando o céu

- Você já viu uma imagem parecida com esta? Sabe o que ela representa?
- Você costuma observar o céu? Que astros consegue ver?
- Gosta de observar o céu de dia ou de noite?

As proporções entre as estruturas representadas não são as reais.

CAPÍTULO 1 — Astros que vemos no céu

Viagem espacial

1 Decifre a carta enigmática.

Duas (+ S) sonhavam ser (+ S). Elas imaginavam embarcar em um (– LHA) (+ GUE) (– LHADO) e viajar da para o espaço. Queriam conhecer o (– DADO), mas, como lá é muito (– IJO) + (– PE), não poderiam ir.

"Vamos então para a ", decidiram elas.

_____

_____

_____

2 Você sonha em viajar pelo espaço? Será que isso é possível?

3 Agora chegou sua vez de imaginar uma viagem espacial. Para onde, em que veículo e com quem você irá? Use a criatividade e escreva, em uma folha de papel à parte, uma história contando como será sua viagem. Depois, mostre seu trabalho aos colegas e conte a eles o que gostaria de encontrar no astro para onde viajará.

Na prática

Você já parou para observar as diferenças entre o céu durante o dia e o céu à noite?

Olho vivo!

Atenção: quando observar o céu durante o dia, nunca olhe diretamente para o Sol, pois pode fazer mal a seus olhos e prejudicar sua visão.

Procedimentos

1. Escolha um local seguro, como o quintal de sua casa ou uma praça perto dela. Com um adulto responsável por você, vá até esse local durante o dia, com o céu claro, e depois vá ao mesmo local durante a noite, com o céu escuro.
2. Anote ou desenhe tudo o que viu no quadro abaixo e compare suas observações com as dos colegas.

Local de observação:	Data:
Durante o dia	Durante a noite

Considerando que os **astros** são corpos que existem no espaço, como o Sol, outras estrelas, a Terra e a Lua, conte aos colegas:

Glossário

Astro: corpo localizado no espaço sideral. Pode ser luminoso, como as estrelas, que emitem luz visível; ou iluminado, como planetas e satélites naturais.

1 O que você viu no céu?

2 O que você viu de dia, mas não viu à noite?

Alguns astros do Universo

Na atividade anterior, você enxergou pontos luminosos no céu parecidos com estes da fotografia abaixo?

▶ Imagem noturna do céu observado de uma plantação de cana-de-açúcar no estado do Rio de Janeiro.

Se observarmos o céu à noite, de um local que não tenha muita claridade e quando não houver muitas nuvens, veremos uma parte dos numerosos pontos brilhantes do Universo.

O Universo é o conjunto de todos os astros e o espaço entre eles, chamado espaço sideral.

As **estrelas** são corpos que emitem luz visível, denominadas astros luminosos. Entre todas as estrelas do Universo, o Sol é a mais próxima do planeta em que vivemos – a Terra –, e sua luz ofusca o brilho de outras estrelas. É por isso que não vemos estrelas no céu durante o dia.

As proporções entre as estruturas representadas não são as reais.

A Terra é um **planeta**, tipo de astro que só fica iluminado quando recebe luz de uma estrela. A Terra recebe luz e calor do Sol.

Quanto mais perto do Sol estiver um planeta, mais luz e calor receberá.

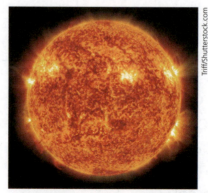

▶ O Sol é um exemplo de astro luminoso.

▶ O planeta Terra visto do espaço. Ele é um exemplo de astro iluminado.

Um pouco mais sobre

A Lua

A Lua é o **satélite** natural da Terra, ou seja, é um astro que gira ao redor de nosso planeta. Para dar uma volta completa, chamada ciclo lunar, ela demora aproximadamente 29 dias.

Se você costuma observar a Lua no céu, deve ter percebido que a aparência dela se modifica dia a dia.

Isso ocorre porque, à medida que a Lua gira em volta da Terra, ora vemos toda a face dela que está iluminada pelo Sol naquele momento, ora vemos apenas parte dessa face iluminada. Quando a face voltada para nós está na escuridão, não a enxergamos.

O aspecto da Lua no céu denomina-se fase da Lua. As mudanças de fase da Lua ocorrem continuamente. As principais fases da Lua são: cheia, quarto minguante, nova e quarto crescente.

Veja nas fotografias a seguir algumas dessas fases. A fase da lua nova não foi representada porque ela não é visível no céu à noite.

▶ Na **lua cheia** a face iluminada da Lua está totalmente voltada para nós.

▶ Depois da fase cheia, a parte que vemos da Lua no céu começa a diminuir, dia após dia. Aproximadamente 7 dias depois da lua cheia ocorre a fase **quarto minguante**.

▶ Depois da fase nova, a parte que vemos da Lua começa a aumentar no céu, dia após dia. Aproximadamente 7 dias depois da lua nova ocorre a fase **quarto crescente**.

1 Faça uma pesquisa com as pessoas de sua casa. Pergunte a elas qual fase da Lua preferem e por quê. Pergunte também se elas conhecem alguma história ou música relacionada com a Lua ou com outro astro celeste. Escreva as respostas no caderno ou grave-as e traga-as para mostrar ao professor e aos colegas.

Na prática — Experimento

Por que a Lua tem fases? Será que ela muda de formato? Anote suas hipóteses.

Material:

- caixa de sapatos;
- uma bola de pingue-pongue branca;
- tesoura sem ponta;
- fita adesiva transparente.

Procedimento

1. Peça a um adulto que faça um orifício pequeno na lateral da caixa, por meio do qual seja possível olhar para dentro dela.
2. Coloque a bolinha no centro da caixa e prenda-a com fita adesiva. Feche completamente a caixa.
3. Olhe pelo orifício e anote o que você consegue visualizar.
4. Vire a tampa da caixa para cima e olhe novamente pelo orifício; depois deslize a tampa lentamente para o lado, até a abertura total da caixa.
5. Observe as mudanças que ocorrem e anote-as.
6. Continue olhando pelo orifício e feche lentamente a caixa. Observe o que ocorre e anote.

1. Quando a caixa estava totalmente fechada, o que você conseguiu ver? Explique por que isso ocorreu.

2. Quando você abriu a caixa lentamente, o que aconteceu? O que você visualizou nesse momento?

3. Escreva um pequeno texto, no caderno, relacionando as fases da Lua às mudanças ocorridas enquanto você abria e fechava a caixa lentamente.

Atividades

1 Vincent van Gogh, pintor holandês que viveu entre os anos de 1853 e 1890, retratou a natureza em diversas obras, como esta a seguir, do céu à noite com estrelas e a Lua.

◆ Se você fosse desenhar um céu estrelado, como seria? Observe uma parte do Universo em uma noite de céu límpido para se inspirar. Depois, crie sua obra no espaço abaixo e mostre-a aos colegas. Não se esqueça de assiná-la e dar a ela um título.

▶ Vincent van Gogh. *Noite estrelada*, 1889. Óleo sobre tela, 73,7 cm × 92,1 cm.

2 Complete o texto a seguir com as palavras do quadro.

estrela   Sol   luz   lua cheia   iluminados

a) A única estrela visível no céu durante o dia é o _____.

b) Na _____ podemos ver a face iluminada inteira da Lua.

c) A Terra e a Lua são astros _____ e recebem _____ e calor da _____ mais próxima, que é o Sol.

13

CAPÍTULO 2 — O tempo passa

Tudo tem seu tempo

Leia a história sobre algumas atividades da rotina de Marcela.

▶ De manhã, saio de casa bem cedinho para ir à escola.

▶ Na escola, ao meio-dia, almoço com os colegas. É muito divertido.

▶ A atividade de que mais gosto é praticar judô, duas vezes por semana, às 6 horas da tarde.

E você, como é seu dia a dia? Estuda de manhã ou à tarde? A que horas almoça? A que horas costuma dormir?

Complete os ponteiros dos relógios para mostrar o horário dessas atividades.

Início da aula	Horário do almoço	Horário de dormir

Os dias e as noites

A contagem do tempo é importante para a organização de nossas atividades. Imagine um dia em sua vida sem o relógio! Como saber a hora de ir à escola ou quanto tempo ficar no parque?

Há muito tempo, quando não existiam relógios, certos povos começaram a marcar o tempo de acordo com observações do movimento dos astros no céu. Eles observavam, por exemplo, o movimento aparente do Sol no céu.

Todos os dias, de manhã, o Sol surge em um lado do horizonte e, à medida que o tempo passa, ele vai se movimentando. Parece que está subindo no céu.

Ao meio-dia, ele atinge o ponto mais alto e, em seguida, volta a descer, até se pôr no final da tarde. Vem então a noite, e o movimento de outras estrelas e da Lua também pode indicar a passagem do tempo.

As proporções entre as estruturas representadas não são as reais.

Manhã.

Meio-dia.

Tarde.

Dizemos que o movimento do Sol no céu é aparente porque, na realidade, é a Terra que gira em torno de si mesma, dando-nos essa sensação.

Conforme a Terra gira, ocorrem o dia e a noite. Na parte que está voltada para o Sol, recebendo luz e calor, é dia. A parte que não está iluminada pelo Sol fica escura; nessa parte é noite.

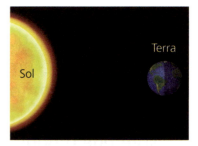
Esquema do Sol iluminando a Terra. Na região iluminada, é dia; no outro lado, é noite.

O movimento da Terra em torno de si mesma recebe o nome de **rotação**.

A Terra leva aproximadamente 24 horas para dar um giro em torno de si mesma. Esse é o período completo de duração de um dia.

Na prática

Nesta atividade, você e os colegas farão uma simulação do movimento de rotação da Terra e da incidência de luz solar sobre ela.

Material:
- massa de modelar vermelha;
- massa de modelar azul;
- palito de churrasco;
- lanterna.

Procedimento

1. Modele a massa azul em forma de bola do tamanho aproximado de uma laranja. Espete o palito de churrasco nessa bolinha, que representará o planeta Terra.
2. Pegue uma pequena porção da massa vermelha, molde uma pequena bola e fixe-a em um ponto da esfera azul. Essa marca indica a localização de nosso país, o Brasil, na Terra.
3. Um colega deve segurar a bola pelo palito, inclinando-o levemente para a frente.
4. Acenda a lanterna e direcione a luz para seu modelo de Terra.
5. Peça ao colega que gire o palito devagar.
6. Observe como um dos lados do modelo fica iluminado à medida que a Terra gira em torno de si mesma, enquanto o lado oposto fica no escuro.
7. Note que o ponto vermelho, que representa o Brasil, ora passa pela luz, ora passa pela sombra.

1. No modelo, quando é dia na posição em que o Brasil se encontra?

2. Que astro a lanterna representa?

Atividades

1 Você precisa marcar a passagem do tempo nas situações a seguir levando em conta apenas a observação do Sol. Responda às questões.

a) Se não houver um relógio por perto e o Sol estiver na parte mais alta do céu, você consegue descobrir o horário aproximado? Que horário seria esse?

b) Imagine que um náufrago nadou até uma ilha deserta e ali permaneceu por certo período de tempo, sem equipamentos. Como ele poderia registrar quantos dias passou na ilha?

2 O movimento dos astros que vemos à noite também pode ser usado para marcar a passagem do tempo. Vamos observar a Lua no céu?

a) Em uma noite com poucas nuvens, acompanhado de um adulto, procure um local que tenha um ponto de referência na paisagem, como um prédio, uma árvore ou outro objeto. Depois anote o horário e desenhe a Lua e o ponto de referência no quadro abaixo. Espere 2 horas e observe o céu mais uma vez. Anote no quadro o horário e desenhe novamente a Lua e o ponto de referência.

Primeira observação Horário:	Segunda observação Horário:

b) O que você notou de diferente entre as duas observações?

_____

_____

CAPÍTULO 3
A Terra e suas representações

Representação do planeta Terra

Observe uma representação reduzida de nosso planeta. Descubra qual sombra corresponde exatamente à imagem e assinale-a com um **X**.

1. Você já viu representações como esta de nosso planeta? Onde?

2. Que nome recebe essa representação do planeta?

3. Que outras formas de representação do planeta você já viu?

O globo terrestre

Na atividade de abertura deste capítulo vimos uma representação em tamanho reduzido de nosso planeta: o **globo terrestre**.

Comparando-o com a imagem da Terra na página 10, podemos perceber que o globo terrestre é uma representação fiel do planeta, pois mantém a forma arredondada, porém em um tamanho muito menor do que o planeta é na realidade.

Uma vantagem do globo terrestre é justamente representar a Terra de maneira fiel, por ter a forma arredondada e porque mostra a distribuição dos continentes.

Já a desvantagem desse tipo de representação é que não é possível utilizá-la em um livro ou caderno, se quisermos retratar o planeta como um todo. A fotografia de um globo mostra apenas uma parte dele.

O globo terrestre pode ser usado para fins científicos, educativos, para brincadeiras ou mesmo como elemento de decoração.

Observe a seguir a fotografia de um globo terrestre.

▶ Globo terrestre que mostra oceanos, mares e lagos em tons de cor azul e os continentes divididos em países.

O planisfério

O planisfério é outra forma de representar nosso planeta. Observe:

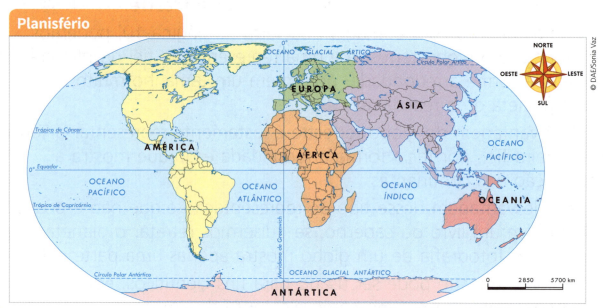

Fonte: *Atlas geográfico escolar*. 7. ed. Rio de Janeiro: IBGE, 2016. p. 34.

▶ Representação da superfície do planeta Terra. Oceanos, mares e lagos aparecem na cor azul e os continentes em cores variadas.

Planisfério é o **mapa** que representa toda a superfície da Terra em uma área plana, como uma folha de papel ou uma tábua de madeira. Diferentemente do globo terrestre, o planisfério não mantém a forma arredondada do planeta, por isso não é uma representação fiel do formato da Terra.

Glossário

Mapa: representação da superfície da Terra, de uma parte dela ou a disposição dos astros no céu, em papel ou outro material.

Uma vantagem do planisfério é que ele possibilita a observação de todas as áreas com solo e água em um único plano.

Como a Terra é arredondada, com forma parecida à de uma esfera, ao transferi-la para o papel, as regiões que estão em uma superfície curva sofrem deformações, e algumas distâncias e formas parecem maiores do que são na realidade.

Veja ao lado uma representação de planificação do globo terrestre. Para obtê-la, é preciso desenhar a forma dos continentes em um balão de festa cheio de ar. Depois, esvazia-se o balão, faz-se um corte para abri-lo e puxam-se as extremidades.

Um pouco mais sobre

A forma da Terra

Até cerca de 500 anos atrás, pouco se sabia do nosso planeta. Muitos povos acreditavam que a Terra era plana como uma mesa. Os navegantes temiam chegar à borda da Terra, como mostra a figura ao lado, e cair no "espaço negro".

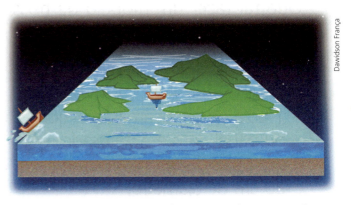

▶ Representação artística de como seria a Terra plana.

Foi observando que o Sol e a Lua eram arredondados que os povos antigos passaram a suspeitar que a Terra também fosse arredondada. Mais tarde, a ideia foi reforçada porque os navios "sumiam" no horizonte, mas acabavam voltando ao seu ponto de partida. Veja abaixo dois exemplos de representações da Terra feitas por povos antigos.

▶ Alguns povos antigos da Índia acreditavam que a Terra era sustentada por elefantes que estavam sobre uma tartaruga gigante, que se movimentava pelo espaço.

▶ Povos antigos da Grécia acreditavam que a Terra era sustentada por um gigante chamado Atlas.

No último século, o avanço da ciência possibilitou a construção de aparelhos capazes de fotografar a Terra do espaço e, assim, foram obtidas imagens que mostram claramente seu formato arredondado.

▶ Fotografia do planeta Terra visto do espaço.

1 Você já teve alguma ideia parecida com a dos povos antigos sobre a forma ou sustentação do planeta Terra no espaço? Qual foi?

2 Com base no texto acima, explique como se chegou à conclusão de que a Terra é arredondada.

Na prática

Que tal fazer um modelo de nosso planeta?

Material:

- 1 globo terrestre escolar;
- 1 bola de papel amassado (jornal ou papel de presente usado, por exemplo) de aproximadamente 20 cm de diâmetro;
- fita-crepe;
- 1 palito de churrasco;
- tinta guache e pincel.

Procedimento

1. Fixe a bola de papel amassado no palito de churrasco.
2. Reforce com fita-crepe para a bola não desmanchar.
3. Observe o globo terrestre e, com a ajuda do professor, desenhe os continentes, usando as cores marrom e verde para representá-los.
4. Pinte os mares e oceanos de azul.

Leve seu modelo para casa e mostre-o a seus familiares. Depois faça a eles as perguntas a seguir e escreva as respostas nos locais indicados.

1 Você já viu uma representação como essa?

_____

2 O que está representado no modelo?

_____

3 O que as cores marrom, verde e azul representam no modelo?

_____

Olhando para nosso planeta

Você estudou que a Terra tem formato arredondado.

Se observássemos nosso planeta do espaço veríamos partes em tons de marrom, verde e branco. Essas partes são os **continentes**. Eles têm essas cores porque são porções de solo (marrom), que podem estar cobertas com vegetação (verde) ou gelo (branco), como nas regiões polares.

Podemos enxergar também porções do globo terrestre na cor azul. São as regiões cobertas por água, que correspondem aos **mares** e **oceanos**.

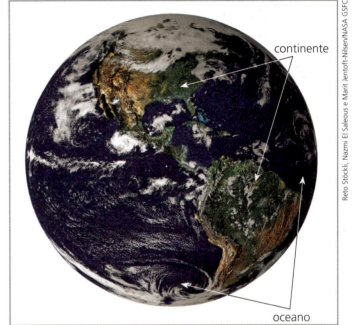

▶ Imagem do planeta Terra obtida do espaço pela Nasa. Nela é possível ver os continentes, os mares e oceanos.

Terra, planeta água

A maior parte da superfície de nosso planeta é coberta por água. Dividindo-se essa superfície em quatro partes, verifica-se que três são cobertas por água.

No entanto, é importante lembrar que embaixo da água dos mares, oceanos, rios e lagos também existe solo. Pelo fato de serem baixas, essas regiões do solo ficam cobertas por água, enquanto as regiões mais altas ficam na superfície e formam os continentes.

Fonte: Arlindo Philippi Jr. *Saneamento, saúde e ambiente: fundamentos para um desenvolvimento sustentável*. São Paulo: Manole, 2005.

▶ Aproximadamente três quartos da superfície do planeta Terra são cobertos por água, e um quarto é solo.

Atividades

1. Ligue cada personagem à forma de representação do planeta que melhor atende a sua necessidade. Depois, escreva o nome de cada forma.

_____

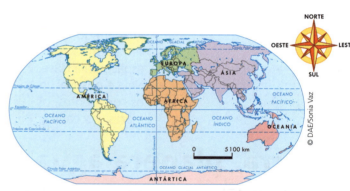

Fonte: *Atlas geográfico escolar*. 7. ed. Rio de Janeiro: IBGE, 2016. p. 34.

_____

2. Desembaralhe as letras e encontre duas formas importantes de representar a Terra.

a) BOGLO RESTRETER

_____

b) RIONISFÉPLA

_____

3 A respeito da representação do planeta, cite uma vantagem do globo terrestre e uma do planisfério.

_____

_____

_____

_____

4 Imagine que o diagrama ao lado representa a superfície total do planeta Terra. Pinte de marrom a parte que corresponde aos continentes e de azul a parte que corresponde à superfície coberta por água.

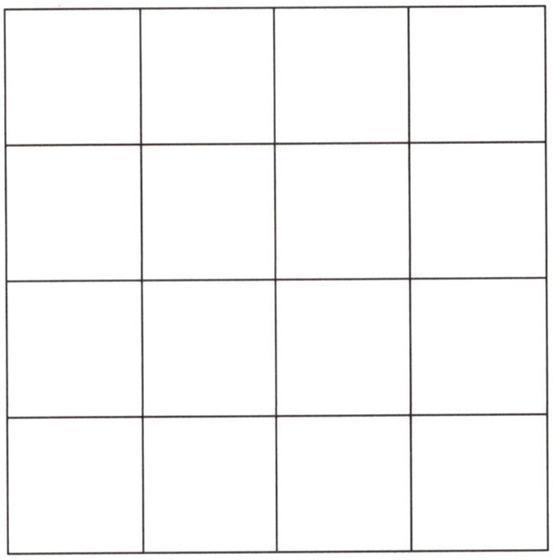

5 Com a ajuda do professor, faça a seguinte pesquisa: localize o Brasil em um globo terrestre e em um planisfério.

Agora responda às questões.

a) Qual é a forma aproximada do Brasil?

_____

b) Compare o tamanho do Brasil com o de outros países. O que você pode perceber?

_____

_____

CAPÍTULO 4
Um pouco sobre exploração espacial

Brincando de astronauta

Para viajar pelo Universo precisamos de uma nave espacial. Vamos construir uma?

Você precisará dos seguintes materiais: pedaços de caixa de papelão, rolos de papel-toalha, tesoura sem ponta, fita adesiva, tinta guache ou lápis de cor e cola.

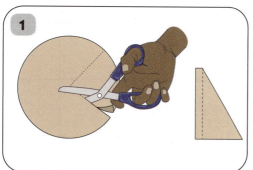

1º passo
Em um dos pedaços de papelão, faça as asas do foguete e, em outro pedaço de papelão, faça um círculo com uma abertura triangular. Depois, utilizando uma tesoura sem ponta, recorte as peças.

2º passo
Decore as partes do foguete utilizando lápis de cor ou tinta guache.

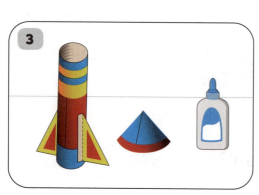

3º passo
Cole todas as partes no rolo de papel-toalha para finalizar a construção.

Ilustrações: Reinaldo Vignati

1 Agora que já estudamos alguns astros do Universo, imagine que, com sua nave, você viajou pelo espaço. Mostre a nave aos colegas e conte que astro você encontrou em sua jornada espacial.

2 Com que objetivo os astronautas viajam pelo espaço em naves construídas pelos cientistas?

A tecnologia e a observação do Universo

A humanidade busca, há muito tempo, desvendar os segredos do Universo.

Inicialmente, as observações astronômicas eram feitas a olho nu. Com o passar do tempo, as pessoas inventaram equipamentos que possibilitavam observar o céu e os astros.

Em 1609, o cientista Galileu Galilei começou a utilizar a luneta para observar o céu.

A luneta é um tipo simples de telescópio que utiliza **lentes** para aumentar a imagem de objetos distantes. Ela foi um dos primeiros equipamentos criados para a observação dos corpos celestes e originou os telescópios modernos, que, além de lentes, utilizam espelhos em sua estrutura.

Com a invenção desses equipamentos, descobriu-se, por exemplo, que a superfície da Lua é cheia de crateras.

▶ Representação artística do cientista Galileu Galilei e de outras pessoas utilizando uma luneta para observar os astros.

Glossário

Lente: objeto feito de material transparente que aumenta ou diminui a imagem do que é observado.

▶ Um telescópio portátil possibilita a observação de outros astros aqui da Terra.

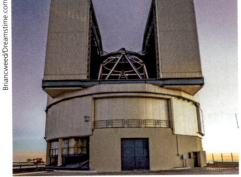

▶ Observatório Europeu do Sul, localizado no Chile, com equipamentos específicos para observações espaciais.

◉ Olho vivo!

ATENÇÃO: Caso você tenha um telescópio, uma luneta ou um binóculo, nunca utilize esses instrumentos para observar o Sol diretamente. A luz solar observada por instrumentos como esses pode provocar sérios danos à visão.

O desenvolvimento da tecnologia

A partir do uso da luneta por Galileu, a tecnologia foi desenvolvendo-se e foram surgindo outras tecnologias para ajudar no estudo do Universo. Vamos conhecê-las melhor?

Os **telescópios** são instrumentos que podem ser feitos apenas com lentes, ou com lentes e espelhos, aumentando sua capacidade de observação. Eles podem ser pequenos e portáteis ou até mesmo grandes e fixos ao solo.

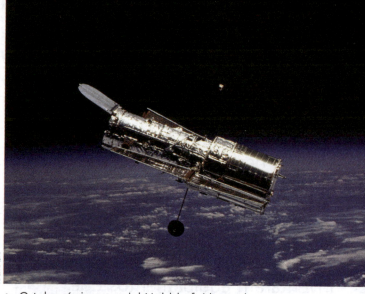

▶ O telescópio espacial Hubble foi lançado ao espaço em 1990 e, desde essa data, transmite para a Terra imagens incríveis do espaço sideral e seus astros.

Os **satélites artificiais** são equipamentos que, lançados ao espaço, **orbitam** o planeta Terra. Eles podem estar equipados com aparelhos que realizam diversas funções, entre elas: transmissão de sinais de telefone, internet e televisão; monitoramento do clima e do tempo; localização, como é o caso do GPS. Há também satélites com funções militares, capazes de fotografar territórios com precisão; e outros de exploração científica, que produzem imagens do espaço sideral.

Glossário

Orbitar: movimentar-se ao redor de algo.

As **naves espaciais** possibilitaram aos astronautas a viagem pelo espaço, como a Apolo 11, que levou os primeiros astronautas até a Lua, em 1969. Esse foi o local mais distante a que um astronauta chegou até hoje.

Uma **estação espacial** é um equipamento com um centro de pesquisa científica que orbita a Terra. Lá os astronautas ficam por determinado período, fazendo vários experimentos.

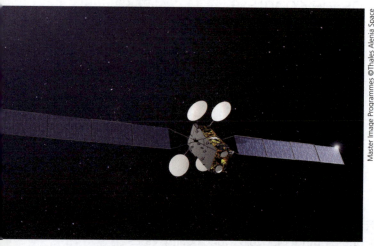

▶ Satélite brasileiro SGDC-1, que foi lançado ao espaço em 4 de maio de 2017 para ser utilizado nas transmissões de telecomunicações civis e militares.

Atividades

1. Imagine que será organizada uma expedição à Lua. Para participar dela, foram selecionados sete astronautas, incluindo Pedro. Ele está muito animado. Ilustre cada trecho da história dessa viagem.

No dia da viagem, Pedro despediu-se dos pais, que estavam orgulhosos. Depois subiu a bordo da nave espacial Marcos Pontes.

Quando os astronautas chegaram à Lua, Pedro e dois dos astronautas colocaram os trajes espaciais próprios para pisar no solo lunar.

Ao pisar na Lua, Pedro deixou as marcas de suas botas no solo. Enquanto isso, os outros dois astronautas coletavam algumas rochas lunares.

Após a expedição, Pedro e a equipe voltaram com a nave para a Terra, trazendo material para pesquisa.

2 Leia estas pistas e escreva o nome da tecnologia à qual elas se referem.

a) Instrumentos criados pelos humanos e lançados ao espaço para orbitar a Terra, auxiliar na transmissão dos sinais de telefone, internet, televisão, entre outros, e capturar imagens.

_____

b) Equipamentos que possibilitaram aos astronautas a viagem pelo espaço. A Apolo 11 é um exemplo desse equipamento.

_____

c) Centro de pesquisa científica que gira ao redor da Terra e no qual os astronautas ficam por determinado período fazendo vários experimentos.

_____

3 Assista ao filme *E.T. – o extraterrestre*, do diretor Steven Spielberg, seguindo orientação do professor. Depois converse com os colegas sobre as questões a seguir.

a) No filme, as crianças protegem E.T. de ser capturado pelas autoridades, que queriam usá-lo em pesquisas. O que você achou da atitude das crianças, que o acolheram e protegeram?

b) Muita gente acredita que seres extraterrestres existam. No entanto, até hoje a ciência não obteve nenhum sinal de que isso seja real. E você, acha que pode existir vida em outros astros do Universo, além da Terra? Como seriam esses seres?

c) Junte-se a três colegas e formem um grupo. Conversem sobre como vocês imaginam que seria um ser extraterrestre e um encontro de vocês com ele. Depois, em conjunto, façam um desenho mostrando essa cena. Afixem o trabalho num mural ou varal da sala de aula para que todos conheçam suas ideias.

Chamando para o debate

Há mais de 60 anos, o ser humano vem explorando o espaço, viajando ou lançando satélites para pesquisá-lo. Essa exploração deixa, circulando ao redor do planeta, ferramentas e pedaços ou lascas de tinta de vários objetos, como espaçonaves, satélites etc.

Estima-se que haja atualmente no espaço cerca de 100 milhões de objetos desse tipo, que compõem o lixo espacial. Eles podem ser tão grandes como uma espaçonave ou tão pequenos como as lascas de tinta dela.

Alguns podem vir a ser atraídos pela Terra, mas, ao entrar na camada de ar que envolve o planeta, acabarão incendiando-se e sendo destruídos. Contudo, se isso não ocorrer, eles podem atravessar essa camada e cair na superfície do planeta, danificando construções e machucando pessoas. Além disso, podem colidir com outros objetos, como satélites artificiais que orbitam o planeta ou até mesmo com astronautas em missões espaciais.

O cartum a seguir mostra de maneira fantasiosa um astronauta coletando lixo espacial.

▶ Concepção artística que retrata o lixo espacial na órbita terrestre.

1. Sabendo que o lixo espacial é resultado do acúmulo de vários objetos no espaço por causa das atividades exploratórias humanas, discuta com os colegas as questões a seguir.

   a) Qual poderia ser o risco relacionado à quantidade excessiva de lixo no espaço?

   b) Qual seria a melhor forma de evitar o acúmulo de todo esse lixo?

Um pouco mais sobre

A exploração do Universo e as novidades tecnológicas

A tecnologia necessária às viagens espaciais foi desenvolvida por meio de muitas pesquisas feitas pelos cientistas.

Essa tecnologia, além de nos possibilitar obter mais informações sobre os astros celestes, gerou conhecimento que tornou possível o desenvolvimento de muitos aparelhos e materiais que usamos no dia a dia.

No texto a seguir, você conhecerá alguns deles. Leia-o e preencha os espaços com as palavras do quadro:

> calor   alimentos   visão   confortáveis   locomoção

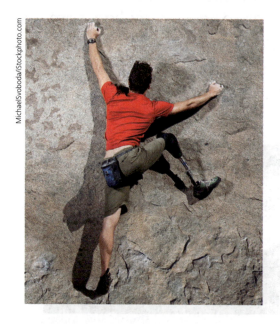

Membros artificiais

A tecnologia para a construção de robôs espaciais desenvolveu materiais leves e resistentes, que foram usados na criação de próteses para seres humanos e outros animais. Essas próteses possibilitaram melhorar a

_____ das pessoas.

Painel solar

O objetivo dos pesquisadores era criar um avião que pudesse viajar longas distâncias sem precisar ser abastecido. Com base nessas pesquisas surgiu o painel solar, que é utilizado atualmente em muitas casas para captar energia solar e esquentar água. Ele transforma a energia do Sol em

_____.

Lentes resistentes a arranhões

Você sabia que as lentes de óculos resistentes a arranhões surgiram da pesquisa espacial sobre lentes compostas de materiais mais duráveis? As lentes usadas nos óculos ajudaram a melhorar

a _____ das pessoas.

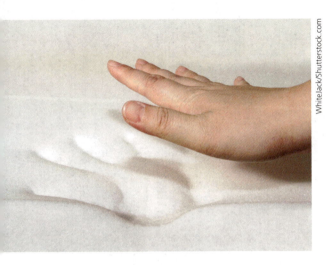

Espuma viscoelástica

Desenvolvida para ser utilizada nos assentos de ônibus espaciais a fim de minimizar o choque durante o pouso, a espuma viscoelástica é usada atualmente em colchões, travesseiros, capacetes etc. Esse material possibilitou a fabricação de produtos

mais _____.

Comida de bebê

Papinhas de bebê já existiam antes da exploração espacial, mas as pesquisas levaram à produção de papinhas mais nutritivas e duráveis. Essas tecnologias melhoraram a produção de

_____ industrializados.

1 Pesquise em *sites* de tecnologia na internet outra inovação tecnológica que usamos no cotidiano e que tenha sido originada em pesquisas espaciais. Conte o que descobriu aos colegas e ao professor.

Como eu vejo

História da exploração espacial

As imagens não estão representadas na mesma proporção.

Ao longo da história da exploração espacial, o ser humano tem desenvolvido e aprimorado tecnologias para ir cada vez mais longe e para tentar desvendar os mistérios do Universo. Veja na linha do tempo alguns acontecimentos importantes referentes à exploração espacial. Leia os textos e, em seguida, recorte as imagens da página 171 e cole-as nas posições corretas.

1957
A missão **Sputnik 2** foi enviada ao espaço com o primeiro ser vivo, a cadelinha **Laika**.

1961
O astronauta russo **Iúri Gagárin** foi o primeiro ser humano a ir para o espaço e avistar nosso planeta a distância. Admirado com o que viu, disse a famosa frase:

"A Terra é azul!"

1963
A astronauta russa **Valentina Tereshkova** foi a primeira mulher a viajar para o espaço.

1969
Foi lançado o foguete da missão **Apolo 11**, que viajou até a Lua. Neil Armstrong foi o primeiro ser humano a pisar na Lua, no dia 20 de julho de 1969.

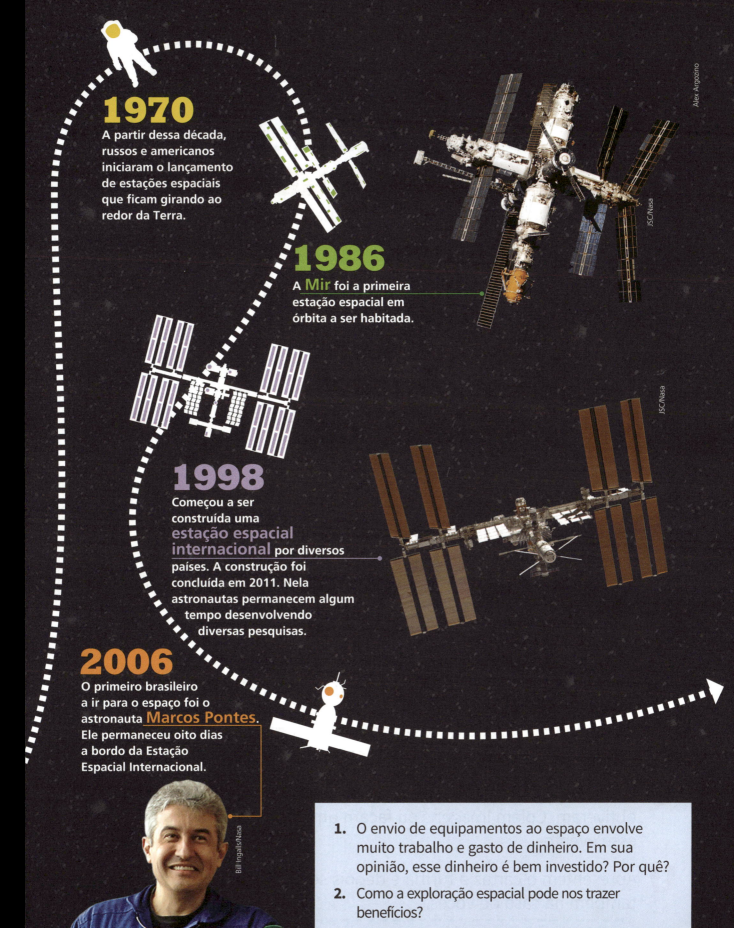

1970
A partir dessa década, russos e americanos iniciaram o lançamento de estações espaciais que ficam girando ao redor da Terra.

1986
A **Mir** foi a primeira estação espacial em órbita a ser habitada.

1998
Começou a ser construída uma **estação espacial internacional** por diversos países. A construção foi concluída em 2011. Nela astronautas permanecem algum tempo desenvolvendo diversas pesquisas.

2006
O primeiro brasileiro a ir para o espaço foi o astronauta **Marcos Pontes**. Ele permaneceu oito dias a bordo da Estação Espacial Internacional.

1. O envio de equipamentos ao espaço envolve muito trabalho e gasto de dinheiro. Em sua opinião, esse dinheiro é bem investido? Por quê?
2. Como a exploração espacial pode nos trazer benefícios?

Como eu transformo

A divulgação das explorações espaciais

Língua Portuguesa

O que vamos fazer?

Cartazes para divulgar informações sobre eventos importantes da exploração espacial.

Para que fazer?

Para as pessoas de sua convivência terem a oportunidade de conhecer fatos possibilitados pelo avanço da ciência.

Com quem fazer?

Com os colegas, em grupos de três ou quatro alunos, sob a supervisão do professor.

▶ Crianças usando computador.

Como fazer?

1. Você já conhece a sequência de alguns acontecimentos importantes que marcaram a conquista do espaço pelo ser humano. Agora, aproveite para investigar outras informações sobre esse assunto.

2. Para começar, escolha com seu grupo o evento da exploração que vocês querem conhecer melhor.

3. Depois, façam com o professor uma pesquisa sobre o evento na internet: quando ocorreu, qual foi o objetivo, quais equipamentos astronômicos – como naves espaciais – foram utilizados, se havia astronautas participando e quem eram eles.

4. Elaborem um cartaz com as informações mais importantes que obtiveram. Colem imagens ou façam um desenho para ilustrar esse evento.

5. Apresentem o cartaz à turma e depois se organizem para divulgá-lo também na casa de vocês.

Você costuma contar para o pessoal de sua casa o que aprende na escola? Por quê?

Hora da leitura

Leia a letra da música abaixo e responda às questões.

Luar do sertão

Não há, ó gente, ó não
Luar como esse do sertão
Oh! que saudade do luar da minha terra
Lá na serra branquejando folhas secas pelo chão
Este luar cá da cidade tão escuro
Não tem aquela saudade do luar lá do sertão
Se a Lua nasce por detrás da verde mata
Mais parece um Sol de prata prateando a solidão
[...]
Não há, ó gente, ó não
Luar como esse do sertão

Catulo da Paixão Cearense.

1 Na oitava linha da música, o autor comparou a Lua a um "Sol de prata". Considerando a propriedade de emitir luz ou não, qual é a principal diferença entre o Sol e a Lua?

_____

_____

2 Qual é a origem da luz do luar?

_____

_____

3 Como você interpreta a quinta linha desse texto? Haveria diferença entre o luar da cidade e o do sertão?

_____

_____

37

Revendo o que aprendi

1 Com base nas dicas a seguir, complete o diagrama de palavras.

1. Estrela mais próxima da Terra.
2. Planeta em que vivemos.
3. Satélite natural da Terra.
4. Astro que não emite luz visível.
5. Astro que emite luz.

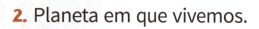

2 Que instrumento a pessoa da imagem abaixo está utilizando para observar o céu? Qual é a função desse instrumento?

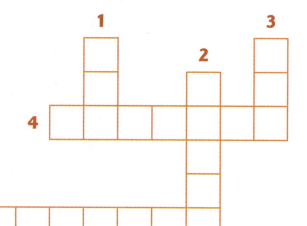

▶ Pessoa observando o céu com a ajuda de um instrumento.

_____
_____
_____
_____
_____

3 Reconheça a forma de representar a Terra mostrada nas imagens e diga uma vantagem de cada tipo de representação.

a)

b)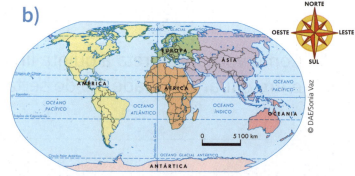

Fonte: *Atlas geográfico escolar*. 7. ed. Rio de Janeiro: IBGE, 2016. p. 34.

4 Elimine as letras D, U, A, M, V, B, R, H e J e descubra o nome de um dos instrumentos usados no estudo do Universo. Depois explique a finalidade desse instrumento.

___

5 Complete os espaços usando as letras de cada legenda, de acordo com as sequências dos fatos relacionados à conquista espacial.

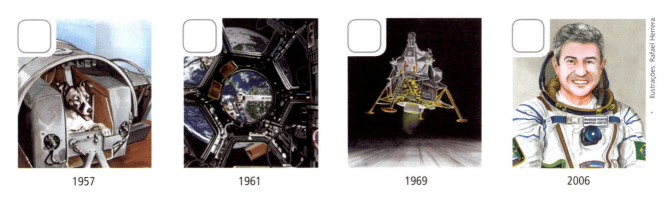

1957   1961   1969   2006

a) Viagem da Apolo 11 para a Lua.

b) Animais são enviados ao espaço.

c) Marcos Pontes, o primeiro astronauta brasileiro, vai para a Estação Espacial Internacional.

d) Iúri Gagárin diz: "A Terra é azul!".

 **Nesta unidade vimos**

Reveja alguns conceitos estudados.

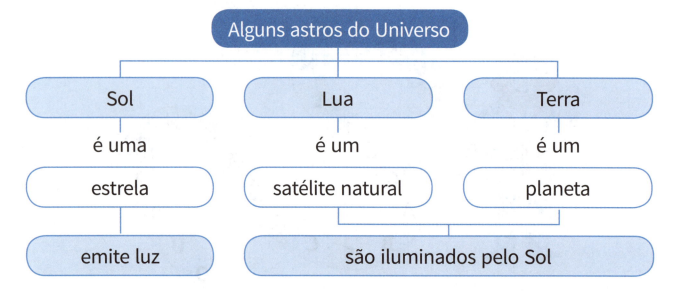

- O ser humano pode usar o movimento dos astros no céu para marcar a passagem do tempo e reconhecer os períodos referentes ao dia e à noite.
- A Terra pode ser representada de várias formas, por exemplo, por meio do globo terrestre, do planisfério e de fotografias tiradas no espaço.
- Dividindo-se a superfície da Terra em quatro partes, verifica-se que três delas são cobertas por água e uma parte pelos continentes.
- A curiosidade do ser humano em desvendar os segredos do espaço fez com que ele inventasse equipamentos que lhe possibilitaram viajar até a Lua e obter imagens de regiões distantes do Universo.

Para finalizar, responda:

- Que tipos de astros existem no Universo? Cite três deles e dê um exemplo de cada um.
- A que corresponde, na marcação do tempo, uma volta completa da Terra girando sobre si mesma?
- Quais são as vantagens e as desvantagens de usar o globo terrestre e o planisfério?
- Que informações você obteve sobre exploração espacial?

Para ir mais longe

Livros

▶ **A história do dia e da noite**, de Jacqui Bailey e Matthew Lilly. São Paulo: DCL, 2008.

O livro explica a formação do dia e da noite e o movimento aparente do Sol. Você poderá conhecer melhor a estrela Sol e a relação entre a distância do Sol à Terra e a vida no planeta.

▶ **Estrelas e planetas**, de Pierre Winters. São Paulo: Brinque-Book, 2011.

Esse livro contém muitas informações sobre os astros celestes.

▶ **Uma viagem ao espaço**, de Martins Rodrigues Teixeira. São Paulo: Quinteto, 2011.

A história em quadrinhos conta a viagem de Teco à Lua. O livro explora os conhecimentos a respeito dos planetas e da primeira viagem à Lua.

Sites

▶ **Bandeiras:** <https://web.archive.org/web/20101222072931/http://www.on.br/glossario/alfabeto/b/bandeiras.html>. O *site* apresenta curiosidades sobre as bandeiras de alguns países e os astros que aparecem nelas.

▶ **De onde vem o dia e a noite?:** <https://tvescola.mec.gov.br/tve/video/de-onde-vem-de-onde-vem-o-dia-e-a-noite>. Animação que explica de forma clara e lúdica os movimentos da Terra, enfatizando como ocorrem o dia e a noite.

▶ **Cosmofórum:** <www.moonconnection.com/current_moon_phase.phtml#rt2dmf_1289051019>. *Site* que mostra a Lua em tempo real, indicando a fase em que se encontra e a porcentagem dela iluminada pelo Sol. Há também diversas outras informações astronômicas e um fórum de discussão.

Visitação

▶ **Planetário da Universidade Federal de Goiás. Goiânia, Goiás.** Mais informações em: <www.planetario.ufg.br>.

Assista a sessões de projeção do céu estrelado na cúpula do planetário e observe o céu com telescópios.

▶ **Guia de Centros e Museus de Ciências do Brasil – 2015.** Para outros museus brasileiros, consulte: <www.casadaciencia.ufrj.br/Publicacoes/guia/Files/guiacentrosciencia2015.pdf>.

UNIDADE 2
O que possibilita a vida na Terra

Os tons de cores e a proporção entre os tamanhos dos seres vivos representados não são os reais.

- Quais seres vivos você identifica na imagem?
- Do que os seres vivos precisam para viver?
- Por que o Sol é importante para os seres vivos?
- Como o solo contribui para o desenvolvimento dos seres vivos?

CAPÍTULO 1

Componentes não vivos da Terra

As cores da natureza

Letícia e João foram passear no sítio da avó deles. Leia os quadrinhos. Depois, desenhe e pinte no último um componente não vivo do ambiente que você aprecia.

Que bonito é o azul do céu!

O verde destas plantas é minha cor favorita!

É muito bonito o vermelho vivo destas flores!

Ilustrações: Michel Borges

Olhar a água azul em movimento no riacho é muito legal!

1. Quais itens não vivos foram citados na história e quais características foram associadas a cada um deles?

2. Quais componentes vivos aparecem nos quadrinhos?

3. Em um ambiente, qual é a importância dos componentes não vivos para os seres vivos?

Terra, um planeta especial

A vida na Terra só é possível porque nela há ar, solo e água e porque ela recebe luz e calor do Sol.

Qual é a importância desses elementos para a vida?

As imagens não estão representadas na mesma proporção.

Luz e calor do Sol

O Sol fornece luz e calor para o planeta. Ele é nossa maior fonte de luz natural; é por meio dele que as plantas se desenvolvem e que podemos nos aquecer e ver os ambientes. Sem o calor do Sol, o ambiente seria frio demais e, consequentemente, insuportável para os seres vivos.

▶ Jacarés e outros animais utilizam o calor do Sol para se aquecer. As plantas necessitam da luz do Sol para se desenvolver. Poconé, Mato Grosso, 2013.

Ar

O ar envolve a Terra, criando uma camada na qual os ventos se formam e os pássaros e os aviões voam. Além de essencial para a respiração dos seres vivos, essa camada de ar filtra os raios solares, evitando que a parte prejudicial aos seres vivos atinja a superfície da Terra. O ar também ajuda a manter a temperatura do planeta ao reter parte do calor do Sol.

▶ A camada de ar que cobre nosso planeta possibilita o voo dos aviões e dos pássaros.

Água

A maior parte da superfície terrestre é coberta pela água dos rios, mares, oceanos, lagos e geleiras. A água também pode ser encontrada nos seres vivos, no solo e no ar. Ela é indispensável à vida, pois sacia a sede dos animais, participa da produção de alimento das plantas e é o hábitat de muitos seres vivos, como as plantas e os animais aquáticos.

As imagens não estão representadas na mesma proporção.

▶ Muitos seres vivos, como as plantas aquáticas e os peixes, vivem na água.

Solo

O solo é encontrado na superfície do planeta. É um componente fundamental à vida, porque muitos seres vivos retiram dele seu alimento. Além disso, é sobre ele ou dentro dele que encontram abrigo; é o caso, por exemplo, da coruja, da minhoca e da toupeira.
O solo é fundamental para o crescimento das plantas, pois é onde elas fixam suas raízes e de onde retiram água e nutrientes.

▶ A toca da coruja-buraqueira fica no interior do solo.

1. Observe a ilustração a seguir e faça o que se pede.

Os tons de cores e a proporção entre os tamanhos dos seres vivos representados não são os reais.

a) Escreva nos espaços correspondentes o nome dos componentes não vivos do ambiente apontados na imagem.

b) Há outro componente fundamental à vida que não é mostrado na imagem. Ele ilumina os ambientes e é essencial ao desenvolvimento das plantas. Que componente é esse?

_____

_____

2. Divida uma folha de papel sulfite em três partes. Em cada uma, escreva um destes nomes sem repeti-los: **água**, **ar** e **solo**. Lembre-se de seres vivos que você já observou, e desenhe ou cole nos espaços correspondentes imagens de seres vivos encontrados na água, no ar e no solo. O professor vai expor os trabalhos no mural da sala de aula.

47

Na prática — Experimento

O terrário é a recriação de um ambiente com ar, água, solo e luz solar? Uma planta poderia se desenvolver nesse ambiente?

Material:

- uma garrafa PET cortada ao meio;
- **rochas** pequenas;
- areia;
- 2 xícaras de solo de boa qualidade;
- sementes de alpiste ou de outra planta de rápida germinação, como a alfafa e o agrião;
- um pedaço de plástico que caiba na boca da garrafa cortada;
- fita adesiva;
- água.

> **Glossário**
>
> **Rocha:** comumente chamada de pedra, é um agregado firme de um ou mais materiais minerais.

Procedimento

1. Coloque as rochas pequenas no fundo da garrafa e, sobre elas, a areia.
2. Coloque o solo sobre a areia.
3. Plante as sementes e molhe-as, deixando o solo nem muito seco nem muito molhado.
4. Cubra a parte cortada da garrafa com o plástico e passe a fita adesiva em volta para que o terrário fique bem fechado.
5. Deixe o recipiente em um lugar que receba luz solar, como o parapeito de uma janela ou um armário próximo a ela.
6. Na tabela a seguir, registre, com desenhos ou textos, o que acontece no terrário no primeiro dia e a cada quatro dias, durante o período de 12 dias.

Fotos: Eduardo Santaliestra

Data:	Data:
Observações:	Observações:
Data:	Data:
Observações:	Observações:

Com base nos resultados do experimento, responda às questões a seguir.

1 O que vocês notaram de diferente ao longo do tempo no terrário construído?

2 Que componentes do terrário dão condições às sementes e plantas de se desenvolverem?

CAPÍTULO 2

Ar

Brincadeiras ao ar livre

1. Pinte o desenho e diga do que as crianças da imagem a seguir estão brincando.

Olho vivo!

Muito cuidado para não estragar a brincadeira! Ao empinarem pipa, não usem linhas com cerol e verifiquem se não há fios de alta tensão no local.

2. Qual componente do ambiente está na imagem, mas não é visível?

3. Qual é a importância desse componente para as brincadeiras mostradas na imagem?

O ar em toda parte

Onde está o ar? Como percebemos sua existência?

Não conseguimos enxergar o ar, mas podemos notar sua presença em algumas situações. Veja a seguir algumas delas.

Podemos perceber a existência do ar quando ele se move na forma de vento, quando entra e sai de nosso corpo (respiração) e quando enchemos um balão ou um pneu. Além disso, sem o ar não conseguiríamos ouvir os sons, pois ele é um dos meios pelos quais o som se propaga.

▶ O ar pode ser percebido quando o vento desmancha o penteado.

▶ Percebemos o ar em nossa respiração e ao enchermos um balão de festa.

▶ Ouvimos uma pessoa falando porque o som pode ser transmitido por meio do ar.

O ar está ao nosso redor, formando uma camada em torno do planeta. Ele também pode ser encontrado dentro da água e do solo. O ar é composto de uma mistura de diferentes gases, entre eles, o oxigênio e o gás carbônico.

O **gás oxigênio** é fundamental para a respiração da maioria dos seres vivos.

O **gás carbônico** é necessário para que as plantas produzam o próprio alimento.

Na prática — Experimento

Como podemos comprovar a existência do ar?

Material:
- copo de vidro;
- vasilha com água;
- folha de papel.

Procedimento

1. Em dupla, faça este experimento. Amasse o papel e coloque-o dentro do copo, de forma que fique fixo.
2. Mergulhe o copo, na vertical (bem reto) e com a boca para baixo, dentro da vasilha com água.
3. Retire o copo da vasilha, na posição vertical, coloque a mão dentro dele e verifique como está o papel.
4. Coloque novamente o copo com o papel, na posição vertical, dentro da vasilha e o incline lentamente.
5. Observe o que sai de dentro dele.
6. Retire o copo da água e verifique como está o papel tocando-o com a mão.

Agora, responda às questões a seguir.

1. Compare a condição do papel observada nos passos 3 e 6. Como estava o papel?

2. Como você explica as diferenças observadas nesse experimento?

Atividades

1 Observe as imagens e explique de que forma elas ajudam a perceber a presença do ar.

As imagens não estão representadas na mesma proporção.

_____

_____

2 Explique a frase: Não conseguimos enxergar o ar, mas é graças a ele que podemos ouvir os sons.

_____

_____

3 Observe o diagrama e complete-o.

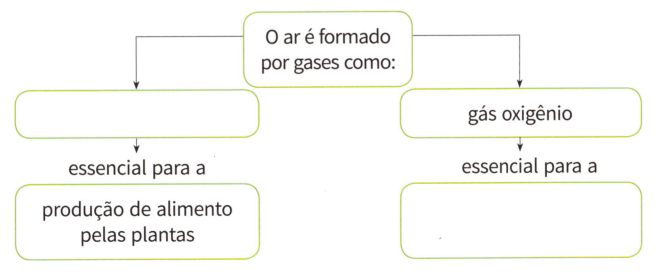

O ar é formado por gases como:

essencial para a

produção de alimento pelas plantas

gás oxigênio

essencial para a

53

CAPÍTULO 3 — Água

A presença da água

Observe, na obra de Tarsila do Amaral, como a água é importante para o pescador e a vila retratada ao fundo.

▶ Tarsila do Amaral. *Pescador*, 1925. Óleo sobre tela, 66 cm × 75 cm.

1. Agora você é o artista: lembre-se de um lugar em que você tenha visto água. Em uma folha à parte, usando lápis de cor, giz de cera ou mesmo tinta, crie um desenho no qual a água seja um dos elementos da imagem, assim como na obra de Tarsila do Amaral. Depois mostre o desenho aos colegas e, com o professor, montem uma exposição no mural da escola.

A importância da água

Vimos que a água é essencial à vida e pode ser encontrada em vários locais da Terra. Assim como o ar, ela possibilita que a luz a atravesse, mas, ao contrário do ar, podemos enxergá-la. A água também é um meio capaz de propagar o som; prova disso é que podemos escutá-lo mesmo dentro dela.

Utilizamos a água no preparo de nossos alimentos e em nossa higiene. Ela também é usada como via de transporte e na geração de energia elétrica.

Apenas uma pequena parcela da água é **potável**, ou seja, adequada para o consumo humano. Para ser considerada potável, ela deve estar livre de impurezas e não ter cheiro, cor ou gosto.

Para a água ser purificada antes de ser distribuída à população, existem as estações de tratamento de água.

Em lugares em que não há estação de tratamento de água, usa-se diretamente água de poços, bicas, rios, entre outros; nesse caso, é importante tratar a água filtrando-a e adicionando **cloro** ou fervendo-a antes de consumi-la.

Glossário

Cloro: produto utilizado para eliminar os microrganismos nocivos da água.

▶ O filtro de barro é útil para filtrar água. Dentro dele há uma estrutura que impede a passagem de pequenos fragmentos, como terra e areia.

▶ Em vários locais é possível coletar a água subterrânea por meio de poços. A água do poço deve ser filtrada e fervida para tornar-se potável.

Chamando para o debate

Você já se perguntou para onde vai a água de seu banho ou a que é utilizada para lavar a roupa no tanque após ela escoar pelo ralo? Esse ralo é o começo de um cano que deve levar toda essa água até uma estação de tratamento de esgoto, onde ela será tratada antes de ser lançada novamente no rio.

Assim, essa água acaba finalmente voltando à casa das pessoas para ser utilizada novamente.

No entanto, infelizmente isso não ocorre em todos os lugares. Muitas vezes o esgoto de indústrias e residências é lançado diretamente na natureza, prejudicando os ambientes aquáticos.

Pensando na quantidade limitada de água disponível para o consumo e no lançamento indevido do esgoto, algumas pessoas passaram a considerar a importância de economizar e reaproveitar esse recurso natural. Refletindo sobre isso e após observar as imagens, discuta as questões a seguir com os colegas e o professor.

Michel Borges

1. No primeiro quadrinho, você acha que as pessoas estão utilizando a água de forma apropriada?

2. O que elas estão fazendo no último quadro da história? De que outra forma a água que usamos pode ser reaproveitada?

Registrando a presença de água

A primeira fotografia foi registrada em 1826. As fotografias coloridas só se tornaram mais comuns aproximadamente em 1970. Apenas em 2001 começaram a ser comercializados os aparelhos de telefone celular com câmeras.

Hoje em dia as fotografias são usadas para fazer registros em diversas situações. Você sabe tirar fotografias?

Vamos usar um aparelho que tire fotografias para registrar situações em que a água está presente. Lembre-se: a água é um recurso valioso. Nunca a desperdice.

▶ Criança tirando fotografia.

1. Para tirar uma fotografia é necessário identificar o que se quer fotografar.
2. Com a orientação do professor, procure na escola duas situações em que a água esteja presente. A água está presente, por exemplo, em todos os organismos vivos. Mas atenção: para fotografar uma pessoa, você precisa pedir a permissão dela.
3. Para que a fotografia fique boa, o ideal é que a pessoa que vai tirá-la e o objeto fotografado estejam parados.
4. Recomenda-se estar em um lugar iluminado, mas não com a câmera voltada diretamente para a luz.
5. Antes de tirar a fotografia, veja se a imagem está nítida, isto é, se é possível enxergar claramente o objeto fotografado.
6. Confira, também, onde fica o botão para tirar a fotografia. Muitas vezes basta clicar na tela do aparelho ou no desenho de uma câmera.

1 Com a ajuda do professor, montem um álbum digital com as fotografias tiradas pela turma.

Na prática

Como podemos preservar a água de nosso planeta?

Procedimento

1. Converse com seus responsáveis ou familiares sobre atitudes adotadas em sua casa para economizar água. No caderno, faça uma lista delas.
2. Ao longo de uma semana, observe como as pessoas de sua casa utilizam a água. No quadro a seguir, marque um **X** na coluna correspondente: quando a ação for realizada, não for realizada ou for realizada parcialmente.

Atitudes	Sim	Não	Parcial
Deixar a torneira fechada enquanto escova os dentes.			
Desligar o chuveiro enquanto se ensaboa.			
Deixar a torneira fechada enquanto ensaboa a louça.			
Reutilizar a água da chuva ou da máquina de lavar.			
Varrer a calçada e regar as plantas com regador em vez de usar mangueira.			

Agora responda às questões a seguir.

1. Compare a lista que você fez no caderno com as informações do quadro acima. O que elas têm em comum e de diferente?

2. Ao ver a lista e o quadro, você acha que em sua casa as pessoas utilizam a água de forma correta?

3. O que você e as pessoas de sua casa podem fazer para melhorar o uso da água?

Atividades

1 Com base nas características da água, ajude a menina a escolher que água beber circulando o copo com água potável.

1- Água sem cor e com cheiro.
2- Água sem cor, cheiro ou impurezas.
3- Água com cor e sem cheiro.
4- Água com cor e cheiro.
5- Água sem cor nem cheiro, mas que pode conter impurezas.

2 Observe as fotografias a seguir e escreva uma legenda para cada uma delas que destaque a importância da água.

As imagens não estão representadas na mesma proporção.

▶ Vaca.

▶ Boto-cor-de-rosa.

_____

_____

3 Se você estivesse em um local em que não existisse estação de tratamento de água e precisasse usar diretamente a água de um rio ou poço, quais cuidados tomaria antes de consumi-la?

_____

_____

CAPÍTULO 4

Solo

Os solos são todos iguais?

Colete, com o professor, amostras de solo da escola e de outros locais próximos a ela. Em seguida, faça a atividade.

1. Observe as amostras de solo. Anote no caderno a cor de cada uma.
2. Utilizando luvas ou palitos de sorvete (neste caso, sem encostar diretamente a mão nos solos), verifique a textura (áspero ou macio) de cada um e analise se eles estão úmidos ou secos. Anote no caderno as informações coletadas.
3. Com um palito de sorvete, espalhe um pouco de cada uma das amostras no papel. Observe-as com o auxílio de uma lupa, verifique o tamanho das partículas (grãos) e os restos de plantas ou animais vivos que, por acaso, tenha encontrado. Classifique as amostras de solo de acordo com o tamanho dos grãos de cada uma.

1 Que diferenças existem entre os solos analisados?

2 Por que é importante haver solos com diferentes características?

Composição dos solos

A formação do solo é um processo lento, que leva muitos anos. Ela se dá por meio do desgaste de rochas em razão da ação da chuva, do vento, das águas dos rios e mares, da variação da temperatura e da atividade de plantas e outros seres vivos.

Fazem parte da composição do solo grãos de diferentes tamanhos, água, ar e **matéria orgânica**, isto é, restos de seres vivos (plantas, animais etc.). A quantidade desses componentes varia de acordo com o tipo de solo e isso determina o desenvolvimento de plantas e outros seres vivos, como os mostrados no esquema a seguir. É no solo que muitas plantas se fixam e é dele que retiram nutrientes.

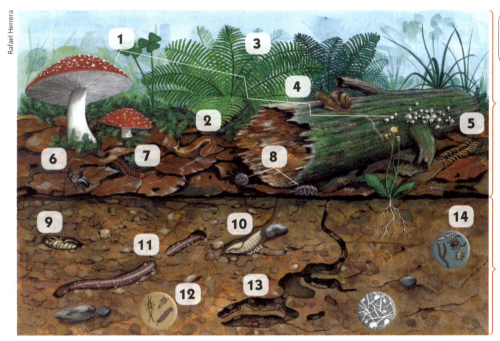

Os tons de cores e a proporção entre os tamanhos dos seres vivos representados não são os reais.

superfície do solo

▶ Esquema simplificado de superfície e corte do solo com presença de seres vivos.

corte da parte interna do solo

Seres vivos: 1- dois tipos de cogumelo; 2- lesma; 3- plantas; 4- caramujo; 5- lacraia; 6- besouro; 7- piolho-de-cobra; 8- tatuzinho-de-jardim enrolado e estendido; 9- cigarra em fase de desenvolvimento; 10- inseto em desenvolvimento; 11- minhoca; 12- animais muito pequenos, como a tesourinha; 13- formigas; 14- seres vivos diversos que não podem ser vistos a olho nu, como os microrganismos, ácaros e vermes.

Os solos não são iguais, pois se originam de rochas diferentes e sob condições ambientais diversas. Eles podem variar em cor, textura, tamanho de partícula e capacidade de reter água. O solo de uma praia é arenoso, isto é, tem textura mais áspera, partículas mais grossas e pouca capacidade de reter água. Já o solo de um terreno barrento é argiloso, ou seja, tem partículas mais finas, textura mais macia e grande capacidade de reter água, podendo alagar em períodos de chuva.

Na prática — Experimento

Parte 1

O que retém mais água: a areia, a argila ou o solo de jardim?

Material:

- três garrafas plásticas transparentes cortadas como no modelo ao lado;
- três filtros de papel (coador de café);
- um copo;
- uma régua;
- água;
- porções de areia, argila e solo de jardim;
- relógio digital ou analógico.

Procedimento

1. Analise o tamanho dos grãos da areia, da argila e do solo de jardim.
2. Pegue os funis e os recipientes confeccionados pelo professor com as três garrafas plásticas transparentes.
3. Encaixe os filtros nos funis e encha cada um deles com uma camada de 10 cm de solo de jardim no primeiro, de areia no segundo e de argila no terceiro.
4. Utilize o copo como medida e despeje devagar a mesma quantidade de água sobre os três tipos de solo.

1 Agora, na tabela a seguir, marque a medida, em centímetros, do nível da água em cada recipiente nos tempos indicados.

TIPO DE SOLO	NÍVEL DA ÁGUA (cm)		TEMPO DE ESCOAMENTO COMPLETO DA ÁGUA
	Após 1 min	Após 2 min	
Areia			
Argila			
Solo de jardim			

2. Que tipo de solo foi mais **permeável**, ou seja, permitiu que a água passasse mais rapidamente por ele?

3. Que tipo de solo reteve água por mais tempo? Sua resposta à questão inicial foi acertada?

Parte 2

Qual é a ação da água na rocha e no solo?

Material:
- um fragmento de rocha;
- um torrão de solo seco e endurecido;
- uma colher de solo solto;
- água;
- três copos plásticos transparentes;
- conta-gotas;
- folha de jornal ou plástico.

Procedimento

1. Forre a mesa com a folha de jornal ou o plástico e coloque sobre ela a rocha e os dois tipos de solo.
2. Pingue gotas de água sobre cada um desses materiais e observe o que acontece.
3. Despeje água nos copos até a metade e ponha em cada copo um dos materiais do experimento: rocha, solo seco e solo solto.

Com base nos resultados da atividade, responda às questões a seguir.

1. O que aconteceu quando você pingou gotas de água sobre a rocha, o solo seco e o solo macio?

2. Qual foi o resultado obtido com os materiais no copo com água?

3. A que você acha que se deve essas diferenças na absorção?

Importância do solo

Observe as fotografias a seguir e responda: Qual é a importância do solo para os seres vivos representados nas imagens, incluindo os seres humanos?

As imagens não estão representadas na mesma proporção.

▶ O gado se alimenta do pasto que cresce no solo.

▶ O ser humano depende do solo para cultivar alimentos.

▶ Os seres humanos costumam construir suas moradias sobre o solo.

▶ É do solo que as pessoas extraem muitos materiais, como o minério de ferro. Congonhas, Minas Gerais, 2016.

Vimos que muitos animais retiram o alimento do solo e encontram abrigo nele, como as minhocas. É no solo também que as pessoas vivem, constroem moradias e desenvolvem as mais diversas atividades, como agricultura, pecuária e extrativismo, ou seja, atividades em que o ser humano retira materiais da natureza para seu uso. Grande parte dos materiais que utilizamos em nosso cotidiano são retirados do solo, como metais, argila, calcário (de que é feito o giz), entre outros.

Um pouco mais sobre

História da cerâmica

[...]

Quando saiu das cavernas e se tornou um agricultor, o homem encontrou a necessidade de buscar abrigo, mas também notou que precisaria de vasilhas para armazenar água, alimentos colhidos e sementes para a próxima safra. Tais vasilhas deveriam ser resistentes, impermeáveis e de fácil fabricação. Estas facilidades foram encontradas na argila [...].

A cerâmica é uma atividade de produção de artefato a partir da argila, que se torna muito plástica e fácil de moldar quando umedecida. Depois de submetida à secagem para retirar a maior parte da água, a peça moldada é submetida a altas temperaturas (ao redor de 1 000 °C), que lhe atribuem rigidez e resistência [...].

[...]

A cerâmica pode ser uma atividade artística (em que são produzidos artefatos com valor estético) ou uma atividade industrial (em que são produzidos artefatos para uso na construção civil e na engenharia). [...]

Anfacer. Disponível em: <www.anfacer.org.br/historia-ceramica>. Acesso em: 25 abr. 2019.

▶ Pessoa molda um pote com argila usando a roda de oleiro.

▶ Artesanato em argila, típico da Região Nordeste do Brasil. Caruaru, Pernambuco, 2012.

1. Qual é a matéria-prima usada na produção da cerâmica?

2. Quais características da argila citadas no texto possibilitam que ela seja usada na fabricação de vasilhas?

3. Agora é sua vez! Molde com argila uma escultura ou recipiente. Deixe o trabalho secar por pelo menos 24 horas e pinte-o com tinta guache.

Atividades

1. Copie e complete a frase no caderno trocando os símbolos por letras.

O ◎✓◇✓ é formado por pequenos fragmentos de ♡✓✈︎✚★◎ que se desgastam no decorrer de muitos anos e também por restos de ◎⚓︎♡⚓︎◎ ☀︎♪☀︎✓◎, como ⇧◇★💬🔒★◎ e ★💬♪🕐★♪◎.

2. Complete a imagem desenhando animais de criação, moradias e uma horta para mostrar as diferentes formas de uso e ocupação do solo pelo ser humano.

3 Qual é a característica de um solo próprio para o cultivo de plantas? Assinale a alternativa correta.

☐ Solo claro, pobre em matéria orgânica, com partículas grandes, muito ar e pouca água entre elas.

☐ Solo escuro, rico em matéria orgânica, com partículas de tamanho médio, boa quantidade de água e ar entre elas.

☐ Solo marrom-escuro, com pouca matéria orgânica, partículas de tamanho pequeno, muita água e sem ar entre elas.

4 A África é um imenso continente formado por 54 países com grande diversidade étnica e cultural. Na porção norte do continente africano encontra-se o maior deserto do mundo: o Saara, que ocupa uma área maior que a do Brasil. As altas temperaturas e a falta de chuvas deixam o ar quase sem umidade. O solo no Deserto do Saara é pobre em matéria orgânica e, em sua maior parte, é composto de grãos de areia que frequentemente se movem devido aos ventos, formando dunas. É, portanto, um solo seco. Os poucos animais que vivem nessa região, como o dromedário, conseguem ficar vários dias sem beber água.

▶ No Deserto do Saara, os grãos de areia são carregados pelo vento, formando as dunas. Caravana com dromedários no Deserto do Saara, Marrocos, 2017.

a) Qual é o tipo de solo do Deserto do Saara?

___

b) Que características esse solo tem que o tornam pouco fértil?

___

O solo e as plantas

As imagens não estão representadas na mesma proporção.

É no solo que a maioria das plantas se desenvolvem, porém, elas também podem ser encontradas em outros lugares. Há muitos tipos de plantas e elas são encontradas em quase todos os ambientes da Terra.

A maioria das plantas vive fixa no solo, são as **plantas terrestres**.

Há plantas que vivem apoiadas sobre outras plantas ou rochas, são denominadas **plantas epífitas**. Outras vivem na água, são as **plantas aquáticas**.

Você deve conhecer várias delas. Poderia citar o nome de alguma planta que você vê no caminho de casa até a escola?

▶ A ninfeia-branca é uma planta aquática.

▶ A bromélia é uma planta epífita.

Uma das características que tornam possível diferenciar as plantas dos animais é como ambos obtêm energia para sobreviver.

As plantas fabricam o próprio alimento por meio do processo chamado **fotossíntese**.

É nas folhas, principalmente, que é produzido o alimento das plantas. Entenda como isso ocorre acompanhando a sequência de eventos no esquema ao lado.

Os tons de cores e a proporção entre os tamanhos dos seres vivos representados não são os reais.

4. O gás oxigênio produzido na fotossíntese pode ser usado na respiração da própria planta ou liberado para o ambiente, sendo utilizado na respiração de outros seres vivos.

3. O alimento produzido na fotossíntese e os nutrientes absorvidos do solo são usados pela planta para manter-se viva e realizar suas funções.

2. Nas folhas, na presença da luz, por meio da fotossíntese, as plantas transformam água e gás carbônico em alimento e gás oxigênio.

1. Através da raiz, a planta retira água e nutrientes do solo.

▶ Esquema do processo de fotossíntese.

Conhecendo melhor as flores

A maioria das plantas que apresentam flores têm uma parte masculina e uma feminina. Cada estrutura tem uma função definida. Veja a seguir:

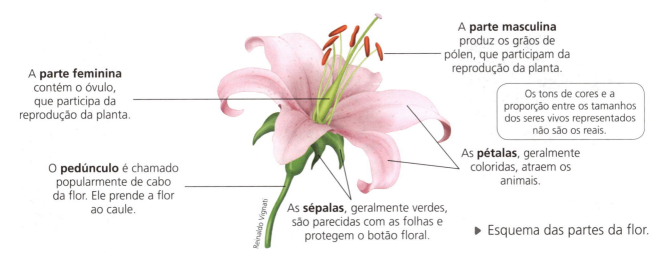

A **parte feminina** contém o óvulo, que participa da reprodução da planta.

O **pedúnculo** é chamado popularmente de cabo da flor. Ele prende a flor ao caule.

A **parte masculina** produz os grãos de pólen, que participam da reprodução da planta.

Os tons de cores e a proporção entre os tamanhos dos seres vivos representados não são os reais.

As **pétalas**, geralmente coloridas, atraem os animais.

As **sépalas**, geralmente verdes, são parecidas com as folhas e protegem o botão floral.

▶ Esquema das partes da flor.

Na época de reprodução, a parte masculina da flor produz grãos de pólen, que podem ser levados até outros locais, por exemplo, outras flores. Se o pólen chegar à parte feminina de uma flor e se essa flor pertencer a uma planta semelhante àquela de onde o grão de pólen saiu, ocorre a **polinização**. Esse processo pode ser feito pelo vento, pela água ou por animais como abelhas, borboletas e beija-flores. Após a polinização, pode ocorrer, na parte feminina da flor, a formação da semente e do fruto.

▶ A borboleta poliniza a flor ao mesmo tempo que se alimenta.

A semente, em condições adequadas, pode se desenvolver e originar uma nova planta. Esse processo se denomina **germinação**; para que ela ocorra é preciso água e ar, além de a semente estar inteira.

Uma nova planta também pode nascer do **brotamento** de uma das partes de outra planta (caule, raiz ou folha).

▶ Germinação de uma semente de feijão.

69

Atividades

1 Ligue as imagens das plantas ao tipo correspondente considerando o local em que elas vivem.

As imagens não estão representadas na mesma proporção.

▶ Mangueira.

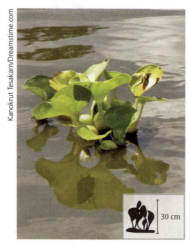
▶ Aguapé.

▶ Orquídea.

planta epífita   planta terrestre   planta aquática

2 Leia o texto a seguir e depois responda às questões.

É verdade que faz mal dormir com plantas no quarto?

[...] As plantas realmente consomem oxigênio no processo de respiração. De dia, com a luz do Sol, isso é compensado pela fotossíntese, que absorve gás carbônico do ar e libera oxigênio. À noite, elas roubam de volta um pouco do que produziram. Mas fique tranquilo: não vai faltar ar no seu quarto. A quantidade consumida por um vegetal não chega perto daquela que um cachorro respira. [...]

Planta no quarto não mata ninguém. *Superinteressante*, São Paulo: Abril, ed. 133, p. 27, 1º out. 1998. Crédito: Superinteressante/Abril Comunicações S.A.

a) De acordo com o texto, faz mal dormir com plantas no quarto?

b) Qual é a importância da fotossíntese para as plantas?

c) "À noite, elas roubam de volta um pouco do que produziram." O que essa frase quer dizer?

3 Leia o texto, depois ligue os pontos e pinte o desenho que surgir.

Minha amiga goiabeira

No jardim da minha casa
mora uma grande amiga.
É uma velha goiabeira,
linda, grande e muito antiga. [...]
Ela é uma grande amiga,
me dá sombra e cheira bem.
Acho até que ela sorri
e conhece a mim também. [...]

Pedro Bandeira. *Cavalgando o arco-íris*.
São Paulo: Moderna, 2002. p. 62-63.

a) Lembre-se das plantas que você já viu e, em uma folha à parte, desenhe sua planta preferida.

b) Mostre seu desenho para a turma e explique as características da planta desenhada: É uma árvore? Dá frutos? Dá flores? Onde pode ser encontrada?

c) Qual é a relação entre o solo e o desenvolvimento da goiabeira?

_____

_____

Na prática

Vamos observar as partes de uma flor?

Material:

- uma flor;
- pinça;
- tesoura sem ponta;
- lupa.

Procedimento

1. Observe a flor e suas características: como é o miolo, a textura, o formato de cada uma das partes, entre outros aspectos.
2. Desenhe a flor no caderno e pinte-a nas cores originais.
3. O professor cortará a flor ao meio. Observe as partes dela com o auxílio da lupa.
4. Indique, no desenho desta página, as partes da flor e suas funções de acordo com o conteúdo estudado.

Os tons de cores utilizados na ilustração e as dimensões do ser vivo não são os reais.

Chamando para o debate

As abelhas são insetos cuja importância vai muito além da produção de mel.

Elas são responsáveis pela polinização de muitas plantas com flores. Quando as abelhas pousam nas flores para coletar seu alimento, os grãos de pólen grudam no corpo delas, espalhando-se entre as flores quando elas passam de uma para a outra, o que contribui para a reprodução de muitas plantas.

Por isso, o desaparecimento das abelhas é motivo de preocupação para muitos agricultores, pois afeta diretamente a produção agrícola. O desequilíbrio na população de abelhas causa desequilíbrio à vegetação.

A cada ano, o número de abelhas no mundo diminui. As causas mais conhecidas são doenças que atacam somente as abelhas e o uso de agrotóxicos nas plantações.

As imagens não estão representadas na mesma proporção.

▶ Abelha polinizadora conhecida por abelha-de-mel.

▶ Abelha polinizadora denominada irapuá.

Considere o que você estudou a respeito da relação entre os seres vivos e a importância dessas relações para a natureza e responda às questões refletindo sobre as consequências da diminuição do número de abelhas.

1. Que atitudes possibilitariam a proteção das abelhas e o aumento do número desses insetos?

2. Por que é importante proteger as abelhas? Troque ideias com os colegas e, juntos, elaborem uma resposta com justificativa.

Atividades

1 Observe as flores das imagens a seguir e escreva as partes indicadas pelas setas.

_____

_____

_____

As imagens não estão representadas na mesma proporção.

2 Ana gosta muito de flores. Ela plantou uma roseira em um vaso e registrou, por meio de fotografias, desde o aparecimento da flor até o desabrochar dela. Para apresentar a sequência fotográfica na escola, escreveu um texto e agora precisa de sua contribuição para completá-lo. Observe a sequência de fotografias de Ana e ajude-a.

Quando o botão da rosa está fechado, podemos ver o _____ e as _____ da flor.

Quando começa a desabrochar, vemos as _____.

3 Encontre cinco palavras relacionadas às flores e, em seguida, utilize-as para escrever um parágrafo sobre a reprodução delas.

A	E	L	R	E	P	R	O	D	U	Ç	Ã	O	U
P	R	I	T	L	U	F	A	M	F	L	P	O	R
L	F	O	E	Q	N	K	G	S	P	Q	Q	P	J
A	R	U	P	O	L	I	N	I	Z	A	Ç	Ã	O
N	U	T	C	P	E	I	Y	R	Q	T	R	D	K
T	T	G	V	O	P	B	E	L	H	A	S	E	G
A	O	E	M	E	T	T	E	U	I	U	P	R	F
S	U	R	X	W	A	B	E	L	H	A	S	T	S

_____

_____

4 Ligue os pontos e descubra a imagem representada a seguir. Depois, crie uma frase sobre a importância desse animal na reprodução das plantas.

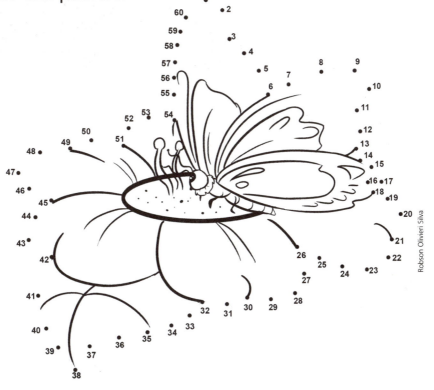

_____

Hora da leitura

Será que os povos indígenas acham importante preservar o solo? Leia o texto a seguir, que fala desse assunto.

Terra e o conhecimento da natureza

Os povos indígenas têm muito respeito pela terra. Eles consideram a terra como uma *grande mãe*, que os alimenta e dá vida, porque é dela que tiram todas as coisas que precisam para sobreviver. [...]

Os povos indígenas são grupos que fazem uso da natureza, assim como todos nós, mas não o fazem de maneira descuidada. [...]

Os índios sabem que um determinado pedaço de terra só pode ser cultivado por um tempo determinado, mudando-se em seguida para outros lugares, a fim de permitir que as plantas nasçam e cresçam de novo e o solo descanse. Depois de um bom tempo, quando essa terra puder ser utilizada novamente, então voltarão para esse mesmo lugar.
[...]

Daniel Munduruku. *Coisas de índio –* Versão infantil. São Paulo: Callis, 2005. p. 51-52.

1 De acordo com o autor, todos os povos indígenas relacionam-se com a natureza do mesmo modo. Explique como ele vê isso.

_____

_____

2 Compare o modo de os indígenas usarem a terra com o que você observa no cotidiano.

_____

_____

CIÊNCIAS em ação

Conservação do solo

Leia a entrevista com o geólogo Samuel Souza e as dicas que ele dá para a proteção do solo.

Samuel Souza

Qual é o seu trabalho?

Eu trabalho com o meio ambiente, principalmente com recuperação do solo em áreas poluídas.

Como a poluição do solo ocorre?

Ela ocorre de várias maneiras, por exemplo: quando as pessoas jogam lixo em terrenos abandonados; as indústrias depositam no solo

▶ Samuel Souza, geólogo.

resíduos que contêm materiais tóxicos; quando o veneno usado pelos agricultores para combater insetos que prejudicam a plantação cai no solo. Quando chove, os materiais tóxicos e o veneno são levados pela água para dentro do solo, poluindo-o.

Por que é importante estudar o solo?

O conhecimento é a maneira mais eficiente para saber como preservar e utilizar o solo, de forma que ele esteja sempre disponível. Conhecendo o solo, saberemos como utilizá-lo e ele sempre estará em boas condições para o desenvolvimento das plantas e para acolher os seres vivos que moram nele.

Que atitudes prejudiciais ao solo você vê com mais frequência?

Uma atitude é o despejo irregular de lixo, que afeta diretamente o bem-estar de pessoas que moram em áreas próximas. O lixo causa mau cheiro, atrai animais, como moscas, ratos, baratas etc., e polui as águas subterrâneas. O lixo das empresas é pior, pois nele há produtos tóxicos, causadores de doenças graves.

Que orientação você pode dar às crianças para que elas protejam o solo?

Não jogue o lixo no solo e plante árvores, em especial em áreas que foram desmatadas. Se você conhece algum terreno onde as pessoas depositam lixo, mande cartas ou *e-mails* às autoridades pedindo providências.

1 Que destino as pessoas dão ao lixo na rua em que você mora?

Revendo o que aprendi

1 Um terrário com plantas pode ser mantido fechado desde que contenha alguns componentes essenciais para que elas sobrevivam. Complete o esquema abaixo com a função ou o nome desses componentes.

Ar – _____

_____

_____

_____ – local onde a planta fixa suas raízes e de onde retira água e nutrientes.

_____ – são responsáveis pela produção de alimentos das plantas e mantêm a temperatura do terrário.

Água – _____

_____

_____

2 Pinte os quadradinhos de acordo com a legenda.

🟨 ar   🟩 solo   🟦 água

☐ É composto de vários gases, como oxigênio e gás carbônico.

☐ Vários animais vivem nele, como as minhocas e as formigas.

☐ Os grãos são maiores nos mais permeáveis.

☐ Forma os ventos e é invisível aos olhos humanos.

☐ Para ser consumida, deve ser potável.

☐ Sua formação é lenta e ocorre pelo desgaste das rochas.

☐ Pode faltar no futuro se não for usada de forma adequada.

☐ Onde não há estação de tratamento deve ser fervida ou receber cloro antes de ser consumida.

3 A imagem a seguir mostra a relação de quatro pessoas com a água. No caderno, escreva uma mensagem para cada uma delas.

4 Na imagem ao lado aparecem diversos usos do solo. No caderno, elabore um texto dissertativo breve sobre os usos mostrados na imagem. Em seguida, compare seu texto com o de um colega. Ele encontrou algum uso que você não tenha notado? Complete seu texto com essa informação.

5 Se as raízes de uma planta fossem removidas, o que aconteceria:

a) nas folhas?

_____

b) na planta inteira?

_____

Nesta unidade vimos

- Os seres vivos dependem de componentes ambientais fundamentais a sua existência: luz e calor do Sol, ar, água e solo.
- A luz do Sol faz com que as plantas produzam o próprio alimento; já sem o calor dele, o ambiente seria tão frio que não haveria condições para a vida na Terra.
- O ar é composto de vários gases que formam uma camada ao redor da Terra. Ele é importante por manter a temperatura de nosso planeta. Gases como oxigênio e gás carbônico são essenciais para a respiração dos seres vivos e a produção de alimento das plantas.
- A água é importante para a vida e precisa ser preservada. Ela faz parte da composição dos seres vivos. Água potável é aquela adequada para o consumo humano.
- O solo é o local em que vivem muitas plantas e animais, incluindo as pessoas. Ele é usado de muitas formas, por exemplo, na extração de materiais, no cultivo de plantas e na criação de gado. Conforme sua localização e formação, apresenta características diferentes, como cor, textura, cheiro, tamanho das partículas, permeabilidade, capacidade de retenção de água etc.

▶ O solo pode ser usado de diferentes formas, conforme visto na página 64.

- As plantas podem ser terrestres, aquáticas ou epífitas. Elas fabricam o próprio alimento por meio da fotossíntese. A maioria das plantas se reproduz por meio de flores e depende da polinização.

Para finalizar, responda:

▶ Qual é a importância do ar, da água e do solo para os seres vivos, incluindo as plantas e o ser humano?

▶ É possível enxergar o ar e a água? E ouvir sons através deles?

▶ Que atitudes são importantes para conservar o ar, a água e o solo?

▶ O que as plantas precisam para se desenvolver e se reproduzir?

Para ir mais longe

Livros

▶ **Gota d'água**, de Moacyr Scliar. São Paulo: Global, 2009.

Narra a história de um menino que vive em uma região muito árida e vê uma gota de água entre as pedras. O livro conta o destino dessa gota de água e discute a importância desse recurso natural para a vida no planeta.

▶ **Planeta Terra: nossa casa!**, de Leonardo Mendes Cardoso. São Paulo: Editora do Brasil, 2005.

O livro aborda a questão dos elementos que constituem o planeta (solo, ar e água) e o aumento dos problemas ambientais.

Site

▶ **Dicas de economia de água:** <http://site.sabesp.com.br>.

O *site* da Sabesp oferece dicas de economia de água. Clique em: Meio ambiente; Dicas de economia.

Visitação

▶ **Museu de Ciências da Terra, em Viçosa, Minas Gerais.**

O museu conta com um acervo de elementos do solo, como rochas e minerais, que desperta a curiosidade e o interesse das pessoas pelo que existe e acontece em nosso planeta. Mais informações em: <www.mctad.ufv.br>.

▶ **Guia de Centros e Museus de Ciências do Brasil – 2015.**

Para outros museus brasileiros, consulte: <www.casadaciencia.ufrj.br/Publicacoes/guia/Files/guiacentrosciencia2015.pdf>.

UNIDADE 3
Os animais

- Quais diferenças você observa entre os seres vivos da imagem?
- Você já visitou um museu de ciências? Se sim, como ele estava organizado?
- Se você fosse organizar um espaço com animais, quais características escolheria para agrupá-los?

CAPÍTULO 1 — Os animais

Onde estão os animais?

As imagens não estão representadas na mesma proporção.

Os animais não conhecem as festas à fantasia, mas muitos deles se disfarçam para fugir de outros animais que podem atacá-los ou ficam imperceptíveis até darem o bote para conseguir seu alimento.

Com um colega, observe as fotografias a seguir e tente descobrir qual é o animal e onde ele está escondido.

1

2

3

4

5

6

1. Você conseguiu descobrir o que mostram as imagens?

2. Você já viu algum animal que parece estar escondido no ambiente?

3. Por que a característica de passar despercebido é importante para esses animais?

Adaptação dos animais

Como você pôde perceber na atividade de início do capítulo, diversos animais passam despercebidos em seu ambiente, pois apresentam cores e formas muito semelhantes a outros componentes, como os troncos e as folhas das árvores. Chamamos essa característica de **camuflagem**. Ela melhora as chances de sobrevivência desses animais.

Além da camuflagem, os animais têm muitas outras características que possibilitam sua sobrevivência em determinado ambiente. Chamamos essas características de **adaptações**.

As imagens não estão representadas na mesma proporção.

▶ O peixe-boi tem nadadeiras que facilitam seu deslocamento na água.

▶ O tuiuiú tem longas pernas, que facilitam seu deslocamento nas planícies alagadas.

▶ O macaco-aranha vive nas matas. Ele tem braços e pernas bem compridos e uma cauda que o ajuda a se segurar nos galhos. Essas características são adaptações ao hábito de viver nas árvores.

▶ O morcego é um animal de hábito noturno. Ele tem asas, que possibilitam seu voo, e utiliza o som para se localizar no ambiente, evitando obstáculos, e para encontrar alimento.

Atividades

1 Associe cada animal à característica que mostra sua adaptação ao ambiente.

As imagens não estão representadas na mesma proporção.

▶ O dromedário habita desertos no norte da África e regiões da Índia e da Austrália.

▶ A raposa-do-ártico tem a pele grossa e coberta de pelos.

▶ O bicho-preguiça passa a maior parte da vida agarrado ou pendurado em árvores.

☐ Tem garras, pernas e braços compridos.

☐ Armazena gordura e a pele reduz a perda de água.

☐ Os pelos brancos facilitam sua camuflagem.

2 Ligue os pontos e complete o desenho do elefante-marinho, animal que tem uma espessa camada de gordura na pele. Você consegue imaginar por que ele apresenta essa característica?

_____

_____

Alimentação e locomoção dos animais

As imagens não estão representadas na mesma proporção.

Os animais são seres vivos e, portanto, necessitam se alimentar para viver. Eles têm diferentes hábitos alimentares.

Animais **herbívoros** se alimentam apenas de plantas, como o coelho, a vaca e a lesma. Os **carnívoros** se alimentam apenas de outros animais, como o tigre, o louva-a-deus, o tubarão e a águia.

Há também os **onívoros**, que comem tanto plantas quanto outros animais, como o lobo-guará, o macaco e o porco.

Os animais se locomovem de diferentes maneiras; portanto, eles também podem ser classificados pelo modo de locomoção.

Os pássaros, como o beija-flor, voam. Outros animais podem saltar, correr e andar, como o canguru e os macacos. Os animais aquáticos com nadadeiras, como os peixes e os golfinhos, nadam. E há também os animais que rastejam, como as serpentes.

▶ A onça-pintada é um animal carnívoro. Ela pode correr, andar e saltar para se locomover.

▶ A arara-vermelha é um animal herbívoro. Ela voa para se locomover.

▶ O jacaré é um animal carnívoro. Ele nada quando está dentro da água e rasteja quando está fora dela.

▶ O ser humano é um animal onívoro. Para se locomover, ele pode caminhar, correr e saltar.

Atividades

1 Leia o texto e complete os esquemas.

Joana cultivou diversas plantas no quintal. Depois de alguns dias, notou que havia insetos nas folhas de algumas: eram pulgões, que se alimentavam delas.

Preocupada, ela foi investigar como poderia tirar os pulgões das plantas. Logo desistiu da ideia: descobriu que eles são o alimento das joaninhas.

E quem não quer joaninhas por perto? São tão bonitinhas! Além disso, servem de alimento para algumas aves, que também se alimentam de sementes e frutos.

Joana percebeu que um jardim bonito também tem de ter animais por perto.

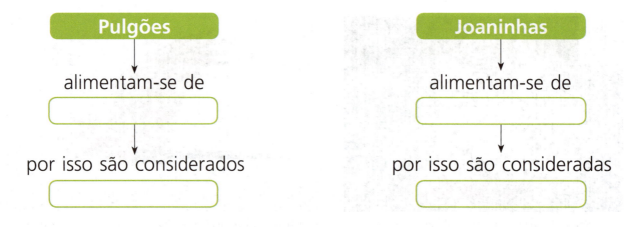

2 Durante uma aula, o professor solicitou aos alunos que dessem exemplos de seis animais. Eles citaram: galinha, coelho, macaco, águia, lesma e onça. O professor escreveu o nome de cada animal na lousa, organizou a turma em dois grupos e pediu que classificassem os animais quanto aos hábitos alimentares. Veja o que eles escreveram.

> **Grupo 1:** galinha e macaco são onívoros; coelho e lesma são herbívoros; onça e águia são carnívoros.

> **Grupo 2:** galinha e macaco são onívoros; coelho, lesma, onça e águia são carnívoros.

a) Qual grupo acertou a classificação dos animais? Foi o _____.

b) Qual foi o engano cometido pelo outro grupo?

_____

3 Decifre o enigma do boxe e depois escreva a frase na linha a seguir.

1	2	3	4	5	6	7	8	9	10	11	12	13
A	B	C	D	E	F	G	H	I	J	K	L	M
14	15	16	17	18	19	20	21	22	23	24	25	26
N	O	P	Q	R	S	T	U	V	W	X	Y	Z

```
15 19    1 14 9 13 1 9 19    19 5    13 15 22 5 13    4 5
 4  9 22 5 18 19 1 19    6 15 18 13 1 19.
 1    13 9 14 8 15 3 1    18 1 19 20 5 10 1    15
16  5  9 24 5    14 1 4 1,    1    1 14 4 15 18 9 14 8 1
22 15 1    5    15    19 1 16 15    19 1 12 20 1.
```

_____

_____

CAPÍTULO 2
Nascimento e desenvolvimento dos animais

A rapidez do desenvolvimento dos animais

Imagine esta situação: Jonas tem 8 anos e uma irmãzinha de apenas 3 meses, a Alice. Ele ganhou de seus pais um cachorrinho chamado Tobe, que também tem 3 meses. Tobe e Alice nasceram no mesmo dia.

▶ Bebê com 3 meses.

▶ Menino de 8 anos.

▶ Filhote de cachorro com 3 meses.

As imagens não estão representadas na mesma proporção.

1 Imagine que hoje Tobe e Alice estão fazendo 6 anos. Em dupla com um colega, marquem um **X** na coluna que indica o personagem com o qual provavelmente está ocorrendo o evento indicado em cada linha.

Evento	Jonas	Alice	Tobe
Hoje caiu meu primeiro dente de leite.			
Todos os meus dentes já são permanentes.			
Ainda sou criança.			
Estou em fase de crescimento.			
Já faz cinco anos que entrei na fase adulta.			
Daqui a seis anos serei idoso.			

Nascimento dos animais

Todos os seres vivos têm ciclo de vida: nascem, se desenvolvem, podem se reproduzir e morrem. A reprodução possibilita originar descendentes que dão continuidade à existência da espécie.

Na natureza, muitos animais nascem da união de um macho com uma fêmea. No entanto, a forma de reprodução, ou seja, o modo de cada animal ter filhotes, pode ser bem variada.

Alguns animais nascem de ovos colocados pela fêmea. Dentro do ovo, o animal encontra proteção e condições para se desenvolver.

Animais que se desenvolvem de ovos são denominados **ovíparos**, por exemplo, o avestruz, a tartaruga, o pato, a galinha e a aranha.

As imagens não estão representadas na mesma proporção.

▶ Momento do nascimento de um filhote. A fêmea do avestruz choca os ovos de dia e o macho os choca à noite, até que os filhotes quebrem a casca.

Já os animais cujos filhotes se formam e se desenvolvem dentro do corpo da fêmea são chamados de **vivíparos**.

No corpo materno, o filhote recebe proteção e alimento até a hora de nascer. O ser humano, vacas, cachorros, gatos e leões são exemplos de animais vivíparos.

▶ A vaca amamenta o bezerro após o nascimento.

Atividades

Os tons de cores e a proporção entre os tamanhos dos seres vivos representados não são os reais.

1 Escreva o nome dos animais ilustrados e complete os espaços indicados.

a) O _____ é um animal _____, pois se desenvolve dentro do corpo da fêmea antes de nascer.

b) A _____ e o _____ são animais _____, pois nascem de ovos.

2 Pesquise a forma de nascimento dos filhotes de outros animais. Anote as informações em uma folha avulsa, ilustre a pesquisa e traga-a para a sala de aula. Conte para os colegas o que descobriu. O professor organizará um mural com todas as pesquisas dos alunos.

3 As imagens mostram o nascimento de um animal; porém, elas estão fora de ordem. Numere-as de acordo com a ordem correta dos acontecimentos. Depois, explique o que aconteceu.

_____
_____

Desenvolvimento dos animais

Você já observou filhotes de animais? Muitos deles são semelhantes aos animais adultos, só que em tamanho menor.

As imagens não estão representadas na mesma proporção.

▶ Onça e filhotes.

▶ Galinha e pintinhos.

▶ Gambá e filhotes.

▶ Baleia e filhote.

Assim como os animais acima, no desenvolvimento humano, os bebês também se parecem com os adultos.

No entanto, nem todos os filhotes já nascem com o corpo parecido com o dos adultos. Animais como o sapo, a rã, a borboleta e as moscas nascem diferentes dos adultos e passam por transformações durante o desenvolvimento até atingirem a fase adulta. A esse conjunto de transformações pelas quais o animal passa, do ovo até a fase adulta, dá-se o nome de **metamorfose**.

Metamorfose da rã

As imagens não estão representadas na mesma proporção.

Que tal conhecer a metamorfose da rã? Acompanhe as fases dessa metamorfose e as respectivas explicações.

▶ Fase 1: a rã adulta põe ovos gelatinosos na água.

▶ Fase 2: em cada ovo se forma um girino (larva). Nesse estágio, ele não tem pernas, e sim cauda.

▶ Fase 3: à medida que o girino se desenvolve, surgem as pernas traseiras e, depois, as pernas dianteiras, enquanto a cauda desaparece lentamente.

▶ Fase 4: a rã adulta sai da água e passa a viver em ambientes úmidos.

Metamorfose da borboleta

Agora conheça a metamorfose da borboleta. Acompanhe as fases e as respectivas explicações.

▶ Fase 1: as borboletas podem pôr um ou vários ovos em uma folha.

▶ Fase 3: quando já está bem nutrida, ela se prepara para a fase de pupa ou crisálida. O corpo da lagarta se transforma e ela não se alimenta durante algum tempo.

▶ Fase 2: de dentro do ovo sai a lagarta. Ela se alimenta das folhas para armazenar energia.

▶ Fase 4: ao final da transformação, a borboleta já está formada.

Atividades

Os tons de cores e a proporção entre os tamanhos dos seres vivos representados não são os reais.

1 As etapas da metamorfose de um tipo de besouro, a joaninha, estão fora de ordem na ilustração. Indique nos quadradinhos a sequência correta das etapas e escreva nas linhas o que ocorre em cada fase.

_____

_____

_____

2 Observe abaixo as fases da vida do mosquito. Depois, volte à **página 93** e observe a onça com seus filhotes.
Qual é a principal diferença entre o desenvolvimento da onça-pintada e o do mosquito da imagem?

_____

_____

CAPÍTULO 3

Agrupando os animais

Agrupar para organizar

As roupas de Teo sempre estão desorganizadas. Toda vez que ele quer uma, nunca sabe onde ela está! Ajude-o a arrumar o guarda-roupa.

1. Destaque a **página 173** e recorte as peças de roupa. Depois, cole-as, de forma organizada, no armário a seguir.

João P. Mazzoco

2. Que características você considerou ao organizar o armário de Teo?

_____

3. Por que é importante organizarmos as coisas?

Por que agrupar os seres vivos?

Vimos na atividade da página anterior que os objetos têm características que os diferenciam e outras que os assemelham. Portanto, agrupá-los facilita nossa organização. Isso também ocorre com os seres vivos. Podemos agrupá-los conforme as características que os assemelham ou os diferenciam. Isso facilita sua identificação e o estudo sobre eles.

Algumas características dos animais você já estudou, como hábitos alimentares, forma de nascimento, tipos de locomoção e desenvolvimento.

Se precisássemos classificar os animais das fotografias a seguir de acordo com o revestimento do corpo, que grupos poderiam ser formados?

▶ Anta.

As imagens não estão representadas na mesma proporção.

▶ Peixe (tucunaré).

▶ Cágado.

▶ Serpente.

▶ Gato.

Nesse caso, criaríamos dois grupos: um formado por animais com pelos, como a anta e o gato; e outro por animais com escamas, como o peixe, a serpente e o cágado – este último, além das escamas, tem uma carapaça.

Outras características

Há outras características que podem ser usadas para agrupar os animais. Por exemplo, como poderíamos agrupar os animais a seguir?

As imagens não estão representadas na mesma proporção.

▶ Ema. 1,70 m

▶ Rã. 7 cm

▶ Aranha. 10 cm

▶ Formiga. 1,5 cm

▶ Lagosta. 34 cm

▶ Gavião-de-penacho. 60 cm

▶ Pato. 50 cm

▶ Tigre. 1,2 m

Inicialmente, é possível agrupá-los considerando o número de pernas: animais com duas pernas (ema, gavião e pato); animais com quatro pernas (rã e tigre); animais com seis pernas (formiga); animais com oito pernas (aranha); animais com dez pernas (lagosta).

Os animais também podem ser agrupados de acordo com a quantidade de antenas. Assim, podemos dividi-los em três grupos: animais sem antenas, animais com duas antenas e animais com quatro antenas.

Outras características que podem ser utilizadas para agrupar os animais são o formato do bico e as garras.

As imagens não estão representadas na mesma proporção.

1 Utilize a legenda e indique as características de cada animal que podem ser utilizadas para agrupá-los.

🟦 Tem pelo.   🟨 Tem escama ou carapaça.   🟪 Nada.   🟣 Anda.   🟩 Tem pena.   🟧 Voa.

▶ Bem-te-vi.   ▶ Tartaruga.   ▶ Veado-campeiro.

2 Uma forma de classificar os animais é considerar pernas e antenas. Observe as imagens a seguir e faça o que se pede.

▶ Joaninha.   ▶ Escorpião.   ▶ Caranguejo.

a) Circule o animal que tem duas antenas.

b) Faça um quadrado em torno do animal com dez pernas.

c) Marque com **X** o animal que tem oito pernas.

99

Os animais e a coluna vertebral

Os animais são muito diferentes uns dos outros; contudo, podemos organizá-los em dois grupos – o grupo dos vertebrados e o dos invertebrados – por causa de uma característica no corpo deles.

Observe a seguir imagens dos esqueletos de alguns animais. Todos eles têm **coluna vertebral**, estrutura indicada pelas setas.

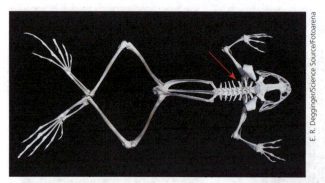

▶ Esqueleto de sapo.

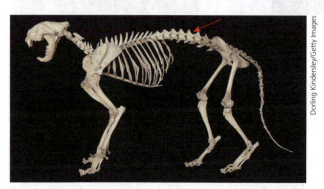

▶ Esqueleto de gato.

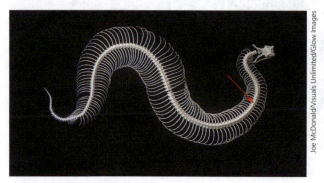

▶ Esqueleto de serpente.

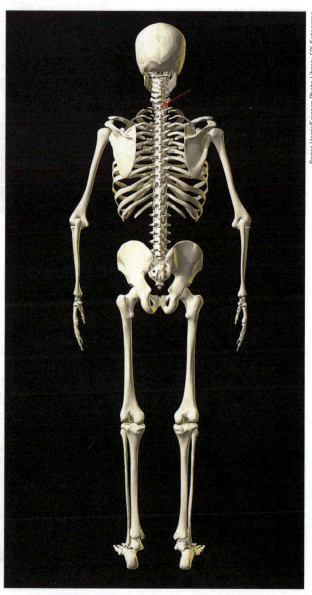

▶ Esqueleto de ser humano.

A coluna vertebral é um conjunto de ossos organizados em sequência, que se estende ao longo das costas. Sua função principal é dar sustentação ao corpo.

Os animais que têm coluna vertebral são denominados **vertebrados**.

São exemplos de animais vertebrados o morcego, o sapo, a tartaruga, o cavalo, as aves e os peixes.

► Esquema da estrutura interna de um peixe que mostra seus ossos e sua coluna vertebral.

Os animais que não têm coluna vertebral são denominados **invertebrados**.

São exemplos de animais invertebrados a minhoca, o caramujo, a aranha, o mosquito, a estrela-do-mar e o polvo.

► Esquema da estrutura interna de uma minhoca, animal que não tem coluna vertebral.

No corpo da minhoca, não há uma estrutura de sustentação como a coluna vertebral, somente os órgãos internos.

A quantidade de animais que não têm coluna vertebral, ou seja, invertebrados, é muito maior que a de animais vertebrados.

Os invertebrados podem ser encontrados em ambientes terrestres e aquáticos – e até dentro do corpo de outros animais. Na maioria, são animais de pequeno porte.

Eles também têm diferentes formas e tamanhos. Conheça alguns deles:

► Besouro.

► Água-viva.

► Camarão.

Atividades

1 Observe as imagens abaixo e depois responda às questões.

▶ Besouro sobre casca de árvore.

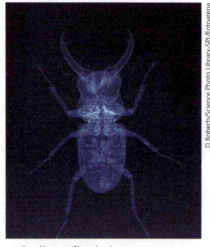
▶ Radiografia de besouro.

Glossário

Radiografia: imagem de partes internas do corpo.

a) Observe bem a região central da **radiografia**. É possível notar a coluna vertebral?

_____

b) Com base em sua análise da imagem, você classificaria esse animal como vertebrado ou invertebrado?

_____

_____

2 No desenho a seguir, há dez animais escondidos. Você é capaz de encontrá-los? Assinale com um **X** os que encontrar. Depois, escreva o nome deles e classifique--os em invertebrados ou vertebrados.

102

3 Observe a radiografia de uma tartaruga.

Com base na análise da imagem, você classificaria a tartaruga como animal vertebrado ou invertebrado? Justifique sua resposta.

_____

_____

_____

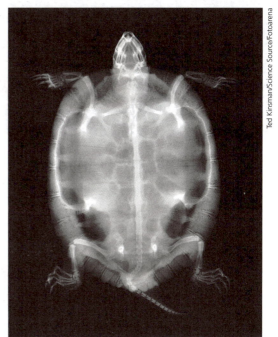

4 Durante uma aula, o professor solicitou aos alunos que dessem exemplos de seis animais. Eles citaram: galinha, camarão, porco, cão, grilo e serpente.

Após escrever o nome de cada animal na lousa, o professor organizou a turma em dois grupos e solicitou aos alunos a classificação dos animais quanto à presença da coluna vertebral. Veja o que os grupos escreveram.

GRUPO 1	GRUPO 2
Galinha, porco e cão são vertebrados; camarão, grilo e serpente são invertebrados.	Galinha, porco, cão e serpente são vertebrados; camarão e grilo são invertebrados.

a) Qual grupo acertou a classificação dos animais?

_____

b) Qual foi o erro cometido pelo outro grupo?

_____

_____

CAPÍTULO 4 — Animais × cuidados

Que animais são esses?

Circule os animais que você encontrar na imagem abaixo.

1. Você já viu animais como esses?

2. Que cuidados devemos ter com esses animais?

3. Você já ouviu falar em animais venenosos e animais peçonhentos?

Animais venenosos: riscos para a saúde

Os animais das imagens abaixo, assim como outros também venenosos, podem causar acidentes envolvendo o ser humano. Por isso, é importante sempre manter distância deles, evitando o contato.

▶ Escorpião.

▶ Cobra-coral.

▶ Aranha-marrom

▶ Lagarta *Lonomia* ou taturana.

Os escorpiões utilizam o **aguilhão** posicionado na ponta da cauda para inocular veneno em suas presas.

Algumas serpentes, como a cobra-coral, produzem veneno. Elas têm dentes especiais, que injetam o veneno em suas presas por meio de uma mordida.

A aranha-marrom é um dos tipos de aranha que tem veneno e o utiliza para caçar suas presas.

Em algumas lagartas, como a *Lonomia*, também conhecida como taturana ou tatarana, o corpo é recoberto por espinhos que têm uma substância tóxica. Esse veneno é uma forma de defesa contra possíveis predadores.

Há muitos animais considerados perigosos para as pessoas, pois podem tanto transmitir doenças quanto introduzir veneno no organismo humano, que podem causar desde mal-estar passageiro até mesmo a morte.

O veneno que os animais produzem é usado para sua defesa e captura de alimentos. Portanto, esses animais só atacam as pessoas quando se sentem ameaçados. Além disso, não devem ser eliminados de seu hábitat, pois são importantes para o equilíbrio da natureza.

Alguns animais venenosos produzem substâncias tóxicas que são absorvidas por nossa pele ao entrarmos em contato com eles. São exemplos certas lagartas e sapos.

Outros tipos de animais venenosos têm a capacidade de injetar o veneno, como é o caso do escorpião, da aranha e da serpente; por isso, são também chamados de **peçonhentos**.

A serpente injeta o veneno na presa pelos dentes inoculadores de veneno. A função principal desse veneno é paralisar os animais que ela captura para comer.

▶ A cascavel usa dentes inoculadores para injetar veneno na presa.

Como podemos nos proteger?
- Nunca saia sem estar acompanhado de um adulto.
- Ao caminhar em ambientes naturais, como florestas e campos, calce botas e evite tocar nas plantas.
- Não toque nos animais que encontrar pelo caminho. Assim, além de se proteger, você também respeita a fauna.
- Se alguém tocar em uma lagarta ou for picado por uma aranha, escorpião ou outro animal peçonhento, deve procurar atendimento médico imediatamente.

Atividades

1 Qual é a utilidade do veneno para os animais que o produzem?

_____

2 Leia a tirinha e depois responda às questões.

a) Conte para um colega a história da tirinha.

b) Os meninos pisaram de propósito na serpente?

_____

c) A serpente tentaria atacar os meninos se eles não tivessem pisado nela?

_____

3 Acidentes com animais peçonhentos e venenosos podem ser evitados. Use os símbolos do quadro para decifrar as medidas de prevenção e escreva-as.

A	R	L	T
★	⚽	✿	♥

a) Evi♥ar o ★cúmu✿o de ✿ixo e de m★♥e⚽i★is de cons♥⚽ução no quin♥★l.

_____

107

b) Não coloc★✿ ★s mãos sem ✿uv★s em bu✿★cos.

_____

c) Us★r ♥e✿★s de p♥o♥eção n★s jane✿★s e nas po✿♥★s.

_____

d) Us★✿ bo♥★s e ✿uv★s ★o mexe✿ no j★rdim ou cuid★r da p✿★n♥★ção.

_____

e) S★cudi✿ c★✿ç★dos e ✿oup★s ★n♥es de usá-los.

_____

4 Leia as pistas a seguir e complete os quadrinhos com a resposta correta.

a) Seu veneno é passado para as pessoas por meio de uma picada com seu aguilhão, que fica na ponta da cauda.

b) Esses animais têm dentes especiais capazes de injetar veneno nas vítimas.

c) Animais que introduzem seu veneno em suas presas.

d) Também conhecida como taturana, seu corpo é recoberto por espinhos com uma substância tóxica. O veneno é transmitido para as pessoas pelo contato da pele com esses espinhos.

e) Animais que produzem substâncias tóxicas para outros seres vivos.

Vamos falar sobre extinção

Qualquer animal, planta ou outro ser vivo pode deixar de existir, e há várias razões para isso. Esse fenômeno se chama **extinção**; por exemplo: um grupo de animais pode desaparecer por causa de uma doença, porque o ambiente em que vivia sofreu muitas modificações ou porque acabou seu alimento.

Muitas vezes, a ação do ser humano ameaça a sobrevivência de alguns grupos de animais. Veja o caso a seguir.

▶ A população de diabos-da-tasmânia tem diminuído ano após ano. Eles correm risco de extinção por causa de uma doença que afeta a boca e os impede de comer.

▶ O dodô é uma ave que viveu durante muitos anos numa ilha perto da África, chamada Maurício. Era uma ave bem bonita, não voava e chegava a ter 1 metro de altura.

▶ Quando os seres humanos chegaram à ilha, começaram a caçar essa ave para se alimentar. Para piorar a situação, colocaram na ilha animais que antes não viviam lá, e eles passaram a comer os ovos do dodô.

▶ Como resultado, toda a população de dodôs desapareceu, ou seja, a ave foi extinta.

109

Fauna brasileira ameaçada

No Brasil e em outras partes do mundo, o ser humano influencia na extinção de outros seres porque derruba matas, muda o curso dos rios, polui as águas e a atmosfera, pratica caça e tráfico de animais, entre outros danos.

Observe outros exemplos de espécies da fauna brasileira ameaçadas de extinção.

▶ A onça-pintada é um felino ameaçado de extinção porque tem perdido áreas de seu hábitat, o que contribui para a diminuição da oferta de alimentos, entre outras razões.

▶ O papagaio-de-cara-roxa está se recuperando e quase saindo da lista de animais ameaçados devido ao monitoramento e à mudança de atitude das pessoas, que o estão protegendo mais.

▶ A onça-parda – ameaçada de extinção em razão da caça e da diminuição de seu hábitat – está espalhada por todas as Américas.

▶ Ameaçada de extinção em razão principalmente da caça, a baleia jubarte está presente em todos os oceanos.

▶ O mico-de-cheiro é uma espécie ameaçada de extinção porque seu hábitat, no estado do Amazonas, é bem pequeno.

▶ Ameaçado pela diminuição de seu hábitat, por atropelamentos em rodovias e pela caça desenfreada, o lobo-guará é encontrado em grandes áreas do interior do Brasil.

▶ Ameaçada de extinção principalmente por causa da poluição, a tartaruga-de-couro pode ser encontrada em todos os oceanos.

Um pouco mais sobre

Muitos animais se encontram na lista de espécies ameaçadas de extinção. No texto a seguir são destacados três desses animais.

[...]

De acordo com as estimativas mais otimistas, restam cerca de 3 mil exemplares de panda gigante em todo o mundo. Destes, cerca de 200 vivem em cativeiros. A espécie está em extinção por causa da destruição de seu hábitat natural: os bambuzais do centro-sul da China. Apesar de pertencerem à ordem dos carnívoros, os pandas são herbívoros e, praticamente, só se alimentam de bambu.

[...]

O jacaré-da-china está em extinção porque o seu hábitat natural (pântanos do sudeste da China) foi destruído para dar lugar a plantações de arroz. Estima-se que existam apenas 200 indivíduos na natureza e outros 10 mil criados em cativeiros.

[...]

O kakapo é um papagaio noturno que habitava a Nova Zelândia. Hoje, existem cerca de 80 indivíduos em todo o planeta; todos criados em cativeiro. A espécie foi dizimada por humanos que caçavam o pássaro em busca de carne e penas (usadas para decoração).

[...]

Conheça 20 animais que correm risco de extinção. *Superinteressante*, 18 fev. 2017. Disponível em: <http://super.abril.com.br/galerias-fotos/conheca-20-animais-estao-risco-extincao-704424.shtml#00>. Acesso em: 27 fev. 2019. Lorena Dana/Abril Comunicações S.A.

1 Faça o que se pede no caderno.

a) Classifique os animais citados no texto de acordo com a presença ou não da coluna vertebral.

b) Qual é o principal motivo que tem levado esses animais à extinção?

c) Você considera a atitude dos caçadores adequada? Elabore uma mensagem para esses caçadores sobre o respeito à vida.

Atividades

1 Observe as fotografias a seguir. Elas mostram três espécies de animais silvestres ameaçados de extinção.

▶ Ariranha.

▶ Bicho-preguiça.

▶ Jacutinga.

a) O que significa estar ameaçado de extinção?

_____

b) O que pode provocar a extinção de espécies silvestres?

_____

2 Assinale um **X** nas principais causas da extinção de animais.

☐ doenças   ☐ falta de alimento

☐ ambiente modificado   ☐ ação humana

☐ ambiente preservado

3 Ligue cada animal à principal ameaça à sua extinção.

- poluição dos oceanos

- hábitat pequeno

- perda de seu hábitat

- atropelamentos em rodovias e caça

4 O papagaio-de-cara-roxa é uma ave que pode ser encontrada no litoral das regiões Sul e Sudeste do Brasil. E uma boa notícia é que ele tem conseguido se recuperar graças a ações de pessoas que se preocupam com a natureza e com a preservação das espécies. Escreva nas linhas a seguir duas dessas ações.

_____

_____

_____

Chamando para o debate

Em 1978, o dr. Georges Heuse, cientista e secretário-geral do Centro Internacional de Experimentação de Biologia Humana, propôs à Unesco criar uma lei que garantisse o direito dos animais. A proposição do dr. Heuse foi aceita e, desde então, os animais passaram a ter direitos legais.

Leia a seguir um resumo da lei sobre os direitos dos animais.

Declaração Universal dos Direitos dos Animais

1 - Todos os animais têm o mesmo direito à vida.

2 - Todos os animais têm direito ao respeito e à proteção do homem.

3 - Nenhum animal deve ser maltratado.

4 - Todos os animais selvagens têm o direito de viver livres no seu hábitat.

5 - O animal que o homem escolher para companheiro não deve nunca ser abandonado.

6 - Nenhum animal deve ser usado em experiências que lhe causem dor.

7 - Todo ato que põe em risco a vida de um animal é um crime contra a vida.

8 - A poluição e a destruição do meio ambiente são considerados crimes contra os animais.

9 - Os direitos dos animais devem ser defendidos por lei.

10 - O homem deve ser educado desde a infância para observar, respeitar e compreender os animais.

[...]

Declaração Universal dos Direitos dos Animais. Disponível em: <https://wp.ufpel.edu.br/direitosdosanimais/files/2017/04/Declaração-Universal-dos-Direitos-dos-Animais.pdf?file=2017/04/Declaração-Universal-dos-Direitos-dos-Animais.pdf>. Acesso em: 2 abr. 2019.

1 Agora, responda às questões a seguir no caderno.

a) É importante que todos os animais sejam respeitados? Por quê?

b) Refletindo sobre o texto acima, qual seria sua atitude se presenciasse uma situação de desrespeito ou de agressão a um animal?

Animais ameaçados de extinção

Todos os animais deveriam ser respeitados. Mas, infelizmente, existem muitos problemas ambientais que ameaçam algumas espécies de desaparecer.

▶ Jacaré-da-china.

Pesquise na internet alguns animais ameaçados de extinção. Lembre-se de que, para fazer uma pesquisa, é muito importante usar *sites* de confiança e coletar dados de mais de uma fonte.

A seguir você encontra dois *sites* a serem consultados e uma orientação sobre como acessá-los.

- No *site* <http://super.abril.com.br/galerias-fotos/conheca-20-animais-estao-risco-extincao-704424.shtml#0>, você encontra 20 animais que correm risco de extinção e ainda pode observar ilustrações e aprender curiosidades sobre eles. Basta seguir a seta para passar de um animal a outro.
- No *site* <www.escolakids.com/animais-ameacados-de-extincao.htm>, você encontra mais alguns animais que estão ameaçados de extinção em todo o mundo e pode observar fotografias e conhecê-los melhor.

1. Usando as informações pesquisadas, reúna-se com mais um colega e, juntos, façam uma tabela como a do modelo abaixo.

NOME DO ANIMAL	LOCAL ONDE É ENCONTRADO	CAUSA DA EXTINÇÃO

Como eu vejo

As fases da vida

Nós, seres humanos, somos seres vivos e passamos por mudanças corporais e comportamentais. Como essas mudanças são características do desenvolvimento humano, denominamos esses períodos de fases da vida humana: infância, adolescência, fase adulta e velhice.

Recorte as imagens da **página 175** e cole-as no infográfico, na posição a elas correspondentes em cada fase da vida.

Infância

Fase em que o organismo se desenvolve rapidamente. Quando nasce, o bebê depende do cuidado de outras pessoas, mas logo aprende a falar, ficar de pé, andar, segurar e utilizar objetos, expressar sentimentos e comportar-se em sociedade. Essa fase vai do nascimento até os 12 anos, aproximadamente.

Adolescência

Nessa fase, ocorrem mudanças no corpo que evidenciam as diferenças entre meninos e meninas. As meninas desenvolvem seios, e a voz dos meninos engrossa, por exemplo. Geralmente, o corpo se desenvolve o suficiente para reproduzir e gerar descendentes. O adolescente torna-se uma pessoa mais independente, e é comum surgirem dúvidas quanto à identidade pessoal. Segundo o Estatuto da Criança e do Adolescente, essa fase acontece dos 12 aos 18 anos.

Fase adulta

O desenvolvimento do organismo está completo. O corpo para de crescer e está pronto para se reproduzir – é nessa fase que o ser humano costuma gerar filhos. As responsabilidades aumentam e, em geral, as pessoas têm mais independência social e financeira conquistada com o trabalho. A fase adulta se estende do final da adolescência até o início da velhice.

Velhice

O corpo passa por novas mudanças nessa fase e lentamente vai perdendo as características da juventude. O idoso pode transmitir aos mais jovens sua experiência. Com o avançar do tempo, pessoas idosas necessitam cada vez mais de cuidados e amparo para minimizar as limitações da idade. De acordo com o Estatuto do Idoso, a velhice inicia-se aos 60 anos.

1. Em que fase da vida você está? Você acrescentaria alguma característica à descrição encontrada nestas páginas?
2. Conforme envelhecemos, o ritmo de atividades diárias diminui, o que não significa doença. Cite atitudes que devemos ter em relação aos idosos.

Como eu transformo

Minha relação com uma pessoa estimada

 História Arte Língua Portuguesa

O que vamos fazer?

Construir uma linha do tempo com fatos marcantes da vida de uma pessoa estimada e dar a ela de presente.

Para que fazer?

Para conhecer acontecimentos importantes na vida dessa pessoa e dar a ela um presente que conta sua história.

Com quem fazer?

Com a ajuda do professor, dos colegas e da pessoa que você irá escolher.

Como fazer?

1. Elabore, com o seu professor, um questionário para coletar informações sobre fatos que marcaram a vida de uma pessoa de sua convivência, que seja mais velha e de quem você goste muito.

2. Leve o questionário para casa, registre o nome e a data de nascimento da pessoa escolhida e, com a ajuda dela, preencha o questionário. Não se esqueça de escrever a data em que os acontecimentos ocorreram.

3. Leve as informações para a escola e, com a ajuda de seu professor, construa uma linha do tempo em uma folha de cartolina.

4. Identifique também na linha do tempo a data de seu nascimento.

5. Verifique na linha do tempo se houve algum fato importante na vida de seu entrevistado quando ele tinha a mesma idade que você tem hoje.

6. Por fim, faça desenhos ou cole imagens para ilustrar a linha do tempo.

Essa atividade foi importante para valorizar a pessoa escolhida? Por quê?

Hora da leitura

Leia o poema e depois responda às questões.

Borboleta-azul

Vi uma borboleta-azul,
A gigante da Amazônia,
Quando vi sua beleza
Eu chorei sem cerimônia.

Ela vem de uma lagarta
Como toda borboleta,
Porém essa é diferente;
Brilha mais do que um cometa.

Seu azul metálico é
Para os olhos um colírio,
Ver de perto o seu tamanho
Foi um imenso delírio.

Dizem que ela só vive
Em lugar equilibrado
E que você ganha sorte
Quando vê uma ao seu lado.

Então eu sou um sortudo
Porque eu a encontrei
Um presente da Amazônia
Do qual não me esquecerei.

César Obeid. *Cores da Amazônia: frutas e bichos da floresta*. São Paulo: Editora do Brasil, 2015. p. 44.

1 Você já viu uma borboleta-azul? E outras borboletas? Conte como elas são.

2 Como as borboletas se locomovem?

3 Qual é a principal característica das borboletas em relação ao desenvolvimento? Explique.

Revendo o que aprendi

As imagens não estão representadas na mesma proporção.

1 Com base nas imagens a seguir, classifique os animais de acordo com o hábito alimentar deles, o número de pernas e o revestimento do corpo.

▶ Leão.

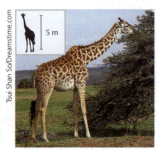
▶ Girafa.

▶ Galinhas.

▶ Vaca.

_____

_____

2 Observe as sequências de imagens abaixo e responda à questão.

a) Galinhas

Os tons de cores e a proporção entre os tamanhos dos seres vivos representados não são os reais.

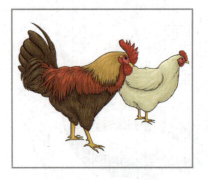

b) Gatos

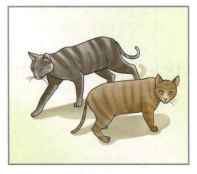
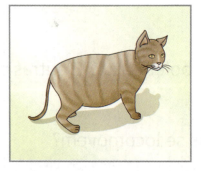

◆ O que é diferente em relação ao nascimento e ao desenvolvimento dos animais representados nas duas situações?

3 No diagrama abaixo, contorne o nome de oito animais e depois pinte-os utilizando as cores indicadas na legenda.

■ animais com pelos
■ animais com penas
■ animais com escamas

A	C	M	A	M	F	U	S	A	B	I	Á	A	H
Q	E	R	T	U	I	O	P	A	S	D	F	G	H
V	R	C	A	C	H	O	R	R	O	B	L	U	I
J	K	L	Z	C	V	B	N	M	Q	E	R	T	U
A	R	A	R	A	P	E	I	X	E	P	A	T	O
I	O	P	A	S	D	F	G	H	J	L	Z	C	V
Á	C	A	C	A	V	A	L	O	V	T	C	O	S
B	N	M	Q	E	R	T	U	I	O	P	A	S	D
S	E	R	P	E	N	T	E	P	U	R	S	O	U

4 Você aprendeu que todos os seres vivos obtêm do alimento a energia de que necessitam para sobreviver; porém, a forma de alimentação é diferente entre eles. Considerando essas informações, responda às questões a seguir.

a) Explique o que diferencia um leão de uma pessoa em relação aos alimentos que consomem. Qual deles é considerado carnívoro e qual é onívoro?

_____

_____

b) No caso das plantas e dos animais, o que diferencia a alimentação deles?

_____

_____

121

Nesta unidade vimos

As imagens não estão representadas na mesma proporção.

- Os animais estão adaptados a seu modo de vida.
- Quanto à alimentação, eles podem ser classificados em: herbívoros, carnívoros ou onívoros.
- Os animais podem se locomover de diversas formas: alguns andam, outros correm; há ainda os que nadam, os que voam, os que rastejam e os que pulam.
- Os animais podem nascer de ovos (ovíparos) ou da barriga da fêmea (vivíparos). Alguns nascem com características parecidas às dos adultos. Outros passam por metamorfose.
- Os animais podem ser agrupados de acordo com diferentes características, o que facilita os estudos e o entendimento sobre esses seres vivos.
- Podemos organizar os animais em dois grupos: o grupo dos vertebrados e o dos invertebrados.
- Há animais venenosos que podem causar acidentes envolvendo o ser humano ou transmitir doenças.
- Mudanças no ambiente pode causar a extinção de animais.

▶ O ser humano é onívoro, conforme visto na página 87.

▶ Nascimento de filhote de avestruz, conforme visto na página 91.

Para finalizar, responda:

- Que características um animal pode ter?
- Como os animais podem nascer e se desenvolver?
- Como podemos agrupar os animais? Por que isso é importante?
- O que pode provocar a extinção de animais?

Para ir mais longe

Livros

▶ **E a vida continua... A reprodução dos animais e das plantas**, de Rosicler Martins Rodrigues. São Paulo: Moderna, 2012.

Entenda melhor o ciclo de vida dos animais, sua reprodução e a relação entre a reprodução das plantas e seu ciclo de vida.

▶ **A primavera da lagarta**, de Ruth Rocha. São Paulo: Salamandra, 2011.

A história conta as transformações que ocorrem com a lagarta, além de mostrar outros aspectos ligados à natureza.

Site

▶ **Animais do zoológico**: <www.zoologico.com.br/nossos-animais>.

Apresenta diversas informações sobre os animais do Zoológico de São Paulo, incluindo sua reprodução.

Visitação

▶ **Museu do Tamar da Praia do Forte**: Mata de São João, Bahia.

Dispõe de tanques e aquários de água salgada com exemplares da fauna marinha da região e quatro espécies de tartarugas marinhas que existem no Brasil, em diferentes estágios do ciclo de vida. Mais informações em: <http://tamar.org.br/centros_visitantes.php?cod=1>.

▶ **Guia de Centros e Museus de Ciências do Brasil – 2015**. Para outros museus brasileiros, consulte: <www.casadaciencia.ufrj.br/Publicacoes/guia/Files/guiacentrosciencia2015.pdf>.

Filme

Bambi. Estados Unidos, 1942. Direção: David Hand, 70 min.

O filme conta a história do cervo Bambi, destacando a fauna riquíssima e a reprodução dos animais. Mostra ainda o desequilíbrio da floresta devido à ação humana inadequada.

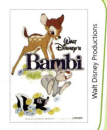

UNIDADE 4
Energia: som, luz e calor

- O que as pessoas da imagem estão fazendo?
- Que tipos de som há neste ambiente? Essas pessoas podem conversar tranquilamente nele? Por quê?
- Observe que a parte superior dos abajures é vazada. Por que você supõe que isso ocorra?

CAPÍTULO 1 — Som

Que som é esse?

Em casa, usando o celular ou outro aparelho, grave dois ou três tipos de som, sem desligá-lo, para que não haja pausa entre uma gravação e outra. Pode ser som de papel ou plástico sendo amassado, batida em objeto de metal, buzina de carro, assovio, passos no chão etc. Quanto mais diferente o som, melhor.

Você pode também fazer a atividade na escola, com um colega.

Depois, na sala de aula, o professor organizará os alunos em uma grande roda, e cada um, na sua vez, mostrará o que gravou para que os colegas adivinhem que som foi gravado.

Henrique Machado

1 Qual som foi mais fácil de identificar? E o mais difícil?

2 Houve sons parecidos? Se sim, que sons eram esses?

3 Que sentido você usou para perceber os sons?

Na prática — Experimento

É possível produzir sons com qualquer material? Eles serão iguais?

Material:

- recipientes limpos variados, como garrafas PET, frascos de plástico e latinhas de alumínio com tampa, caixinhas de suco ou de leite;
- pedrinhas, botões, sementes, tampas de caneta, algodão, pedaços de madeira e outros materiais pequenos;
- clipes de papel;
- fita adesiva e tesoura sem ponta;
- folhas de papel e canetas hidrográficas.

Procedimento

1. Cada aluno montará um instrumento musical.
2. Escolha um dos recipientes e coloque dentro dele um tipo de material, por exemplo: somente pedrinhas ou somente clipes.
3. Tampe o recipiente ou feche-o com a fita adesiva, se necessário.

4. Decore o papel com as canetas hidrográficas, cole-o no recipiente e escreva seu nome nele.
5. Agora faça uma roda com os colegas. Cada um deve testar seu próprio instrumento, em momentos diferentes.
6. Ouça atentamente o som de seu instrumento e o dos instrumentos dos colegas.
7. Depois, com a supervisão do professor, dirijam-se a um local da escola em que todos possam tocar os instrumentos ao mesmo tempo.
Agora, troque ideias com os colegas e responda às questões.

1 Os diversos instrumentos produziram sons iguais? Por quê?

2 Você gostou de todos os sons produzidos? Justifique.

O que é som?

As imagens não estão representadas na mesma proporção.

Podemos produzir sons ao agitar objetos em um recipiente, como visto no experimento da página anterior. Isso ocorre porque os sons são produzidos por **vibrações** em algum material. No caso dos instrumentos construídos, a agitação provocou a vibração dos objetos.

Quando falamos, produzimos sons ao expulsar o ar dos pulmões. Esse ar, ao passar na garganta, faz vibrar as pregas vocais que temos na laringe, um órgão localizado em nosso pescoço.

Usamos os sons para nos comunicar e para receber informações do ambiente. Ao ouvir o som de uma buzina, por exemplo, somos alertados da proximidade de um carro.

O som é um tipo de vibração que precisa de um meio material, como o ar, a madeira ou a água, para se **propagar**.

Glossário

Propagar: espalhar.

▶ Podemos sentir as vibrações provocadas pelas duas pregas vocais ao tocar no pescoço, como na fotografia.

▶ O som do sino vem da vibração do metal que se propaga pelo ar.

▶ A garota ouve os sons que se propagam na água.

▶ O som da furadeira é gerado pela vibração do aparelho que se propaga pela parede e pelo ar.

Você já percebeu que sabemos quando uma pessoa conhecida está chegando apenas ouvindo sua voz? Isso ocorre porque o som tem algumas características, como o **timbre**.

O timbre possibilita diferenciar a voz de cada pessoa e os sons de diferentes instrumentos musicais: o som de um piano é diferente do som de um violão.

Na prática — Experimento

O que é necessário para produzir som?

Material:

- tigela redonda ou lata;
- elástico forte;
- um pedaço de filme plástico;
- uma colher de açúcar;
- panela ou assadeira de metal;
- uma colher de pau;
- tesoura sem ponta.

Procedimento

1. Forme um grupo com três colegas.
2. Cubram com o filme plástico a abertura da tigela ou da lata e fixem-no com o elástico.
3. Espalhem o açúcar sobre o pedaço de filme plástico.
4. Agora vocês produzirão som batendo a colher de pau na assadeira ou panela de metal bem próximo à superfície em que está o açúcar.
5. Observem o que acontece com o açúcar.

Com base nos resultados da atividade, responda às questões a seguir.

1 O que ocorreu com o açúcar quando você produziu som usando a colher de pau? Por que isso aconteceu?

_____

2 Para o som ser produzido, o que é preciso ocorrer com os objetos?

_____

3 Como o som da colher de pau chegou até o filme plástico?

_____

Chamando para o debate

Excesso de barulho pode prejudicar a saúde auditiva

Você já se deu conta dos diversos ruídos que o cercam quando está na escola? Conversas na sala de aula e nos corredores, gritos no pátio durante a prática de esportes e brincadeiras, o barulho de veículos passando nas ruas ao redor, entre outros, são exemplos de ruídos que podem trazer prejuízos à saúde auditiva de todos que convivem na escola.

▶ Levantar o braço antes de falar durante a aula é um modo de diminuir o barulho e manter a organização.

O som, ou onda sonora, vibra as partículas do ar; assim essas ondas se propagam e chegam às partes internas de nossas orelhas. Se o som for muito intenso ou a pessoa estiver sujeita a um ambiente barulhento por muito tempo, essas ondas podem danificar as estruturas internas da orelha, como o tímpano.

Então, de acordo com pesquisas feitas por cientistas, a elevada intensidade dos ruídos pode causar perda auditiva, ou seja, prejudicar a audição das pessoas. Além disso, ela pode levar à perda da concentração nos estudos, atrapalhar o raciocínio e aumentar os níveis de estresse, levando professores e alunos a um cansaço físico e mental.

Reúna-se com alguns colegas e discuta com eles as questões a seguir.

1. Como é o nível de ruído na sala de aula?

2. Esse ruído atrapalha a concentração nas aulas?

3. Que atitudes vocês podem tomar para diminuir o ruído na sala de aula?

Atividades

1. Troque ideias com um colega sobre a seguinte questão: Que sons vocês mais gostam de ouvir? Falem também dos sons que não apreciam.

2. Preencha o quadro a seguir com alguns sons comuns em ambientes que você frequenta.

AMBIENTE	SONS COMUNS

3. Suponha que você esteja no supermercado e que ouça algum parente conversando com uma amiga no corredor ao lado. Qual característica do som possibilita que você reconheça a voz dele?

_____

_____

4. Observe a brincadeira representada na tirinha a seguir. Considerando o que você aprendeu a respeito do som, explique a importância do fio de ligação entre as latas para que Cascão escute melhor o som produzido por Cebolinha.

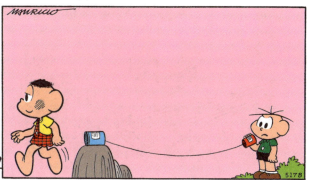

CAPÍTULO 2

Luz

A luz ou a falta dela

1. O que é, o que é: quanto menos luz mais eu apareço?
2. O que é, o que é: quando o Sol sobe vai se encurtando; quando o Sol desce vai se alongando?
3. O que é, o que é: pode passar diante do Sol, mas não faz sombra?
4. O que é, o que é: entra na água e não se molha?
5. Você está em uma sala escura com um único palito de fósforo na mão. Na sua frente há uma vela, uma lamparina e uma pilha de lenha. O que você acende primeiro?

Na prática — Experimento

O que ocorre com a luz quando ela atinge diferentes materiais?

Material:
- lanterna;
- utensílio de metal polido grande, como uma panela;
- garrafa PET;
- saco plástico transparente;
- tábua de madeira;
- papel-manteiga;
- espelho com borda.

Olho vivo!

Olhar diretamente para a luz pode danificar os olhos. Nunca olhe para a luz da lanterna nem a direcione para os olhos dos colegas.

Procedimento

1. Você ficará de frente para um colega, que colocará alguns objetos entre você e ele. Observe se você consegue enxergar o colega por trás de cada objeto.
2. Agora, apague a luz da sala e utilize a lanterna.
3. Direcione a luz da lanterna a cada objeto.

Com base nos resultados dessa atividade, responda às questões.

Glossário

Incidir: atingir, projetar-se sobre algo.

1 O que aconteceu quando a luz **incidiu** sobre cada objeto?

2 Foi possível observar seu próprio reflexo em algum dos materiais que não permitiram que você enxergasse o colega?

3 O que você observou em relação à luz direcionada para o objeto de metal polido e o espelho?

4 O que você concluiu sobre a passagem de luz por diferentes materiais?

Características da luz

Se não há luz, nada podemos enxergar. É a presença de luz no ambiente que possibilita a nós, seres humanos, e a muitos outros animais enxergar o que existe a nossa volta, por meio do sentido da visão.

A luz é emitida por fontes luminosas naturais, como o Sol e outras estrelas, ou artificiais, que são aquelas produzidas pelos seres humanos, como a lâmpada ou a tela da televisão.

Pense no que acontece quando você acende uma lâmpada: instantaneamente a luz ilumina todo o ambiente. Esta é uma característica da luz: ela se propaga em alta **velocidade**. Não se conhece nada mais veloz do que ela.

Outra característica da luz é que ela se propaga em linha reta a partir da fonte luminosa.

▶ Sol, fonte de luz natural.

▶ Lanterna, fonte de luz artificial.

Glossário

Velocidade: grandeza relacionada ao tempo que se leva para percorrer determinada distância.

Os corpos e a luz

Os corpos podem ser classificados de acordo com o que ocorre quando a luz incide sobre eles.

Os corpos **transparentes** – como aqueles feitos de vidro – são atravessados por quase toda a luz que chega até eles.

Os corpos **translúcidos** – como o vidro jateado usado em boxes de banheiro e o papel-manteiga – deixam passar apenas uma parte da luz.

Os corpos **opacos** – como os feitos de metal ou madeira – não deixam a luz passar.

O que acontece com a luz quando ela não atravessa objetos opacos ou translúcidos? A luz se propaga em linha reta, portanto não pode desviar-se de um objeto. Quando não o atravessa, ela pode ser:

- **absorvida** por ele;
- **refletida** por ele.

Na maioria dos casos, parte da luz é refletida e outra é absorvida. O que enxergamos de um objeto depende da quantidade de luz que é refletida para nossos olhos. Podemos observar a Lua, por exemplo, porque ela reflete a luz do Sol para nosso planeta.

Em superfícies polidas, que refletem a luz quase por completo, assim como um espelho, podemos observar melhor esse fenômeno.

▶ Luz refletida pelo espelho.

Do lado oposto de objetos opacos, a região na qual a luz não chega é chamada de **sombra**. O tamanho e o formato da sombra dependem da posição da fonte luminosa.

Os objetos opacos são obstáculos à passagem da luz.

▶ Sombra formada no lado da maçã não atingido pela luz do Sol. Em certas situações, também podemos observar uma região parcialmente iluminada, chamada de **penumbra**.

Na prática — Experimento

O que acontece com a luz do Sol ao passar pela água?

Material:

- recipiente transparente e cheio de água;
- espelho que caiba no recipiente;
- folha de papel branca.

Procedimento

1. Coloque a folha de papel branca sobre uma mesa.
2. Ao lado da folha de papel, coloque o recipiente com água.
3. Coloque o espelho dentro do recipiente, de forma que a água o cubra por completo (ou quase todo).
4. Em um dia ensolarado, leve essa montagem para um local em que incida a luz do Sol e movimente a folha de papel, de modo que ela receba os raios refletidos pela parte do espelho que está dentro da água.

Com base nos resultados obtidos, responda às questões a seguir.

Olho vivo!

ATENÇÃO! Não deixem a luz refletida pelo espelho atingir os olhos de nenhuma pessoa, pois isso pode feri-los.

1. Qual é a cor da luz do Sol? _____

2. Qual é a cor da luz projetada no papel? _____

3. O que provocou a mudança de cor na luz? _____

4. Você já viu esse fenômeno na natureza? Qual é o nome dele e como ocorre? _____

Atividades

1. Classifique os materiais abaixo de acordo com o que ocorre quando a luz incide sobre eles. Depois escolha outro material e, na última linha, escreva o nome dele e classifique-o.

MATERIAL	Opaco	Transparente	Translúcido
Papel vegetal			
Corpo humano			
Copo de vidro			

2. As fotografias abaixo mostram o que ocorre quando a luz incide em um espelho-d'água e em gotículas de água sob o Sol.

▶ Prédio do Congresso Nacional, em Brasília, Distrito Federal.

▶ Vista das Cataratas do Iguaçu com a formação de arco-íris. Foz do Iguaçu, Paraná.

Com um colega, associe cada fotografia ao texto **A** ou ao texto **B**.

A. Quando a luz do Sol incide sobre pequenas gotas de água, os raios de diferentes cores que a compõem são separados.

B. Quando a água está calma, ela funciona como uma superfície lisa e polida, refletindo parte da luz que nela incide.

3. O relâmpago e o trovão são fenômenos que ocorrem na atmosfera ao mesmo tempo. No entanto, primeiro vemos a luz do relâmpago e somente depois ouvimos o som do trovão. Por que isso ocorre?

CAPÍTULO 3 — Calor

Testando a sensação térmica

Para esta atividade, a turma precisará destes materiais: um recipiente com água gelada, um recipiente com água morna e um recipiente com água da torneira (na temperatura ambiente), como mostra a ilustração.

Na sua vez, coloque uma das mãos na água gelada e a outra na água morna. Após o comando do professor, retire apenas a mão da água gelada e coloque-a na água da torneira. Preste atenção no que sentiu.

Depois, retire a mão da água morna e coloque-a na água da torneira.

Olho vivo!
Um adulto aquecerá a água. Não mexa com fogo.

1. Qual foi a sensação ao colocar na água da torneira a mão que estava na água gelada?

2. E quando você colocou na água da torneira a mão que estava na água morna?

3. Podemos dizer com certeza se a água está quente ou se está fria usando apenas o sentido do tato, isto é, a sensação que temos por meio da pele?

O que é calor?

As imagens não estão representadas na mesma proporção.

Calor é o nome que se dá a uma forma de energia, a chamada energia térmica, que é transferida de um corpo a outro. Ele ocorre quando há diferença de temperatura entre eles. Essa transferência de energia sempre ocorre do corpo com temperatura mais alta para o corpo com temperatura mais baixa.

Observe as situações ao lado. Como a transferência de calor ocorre em cada uma delas?

Nessas situações, o café perde calor para o ambiente e, com isso, esfria. O suco, por estar mais quente do que o gelo, perde calor para ele, ficando mais frio. Com o tempo, o gelo receberá calor do ambiente ou do suco e derreterá.

Alguns corpos são fontes de calor, isto é, têm a capacidade de produzir calor. São exemplos: o Sol, o fogo e a lâmpada elétrica. Esse calor produzido pode ser transferido a corpos que tenham temperatura mais baixa, aquecendo-os e aumentando essa temperatura.

Termos como **quente**, **frio** e **morno** são usados para definir a **sensação térmica**, ou seja, como sentimos o calor. Porém, como vimos no experimento da página anterior, a sensação térmica não define a temperatura real de um corpo.

Para medir o estado de aquecimento de um corpo de forma precisa, é usado um aparelho denominado termômetro. Com o termômetro, verificamos a temperatura de um corpo.

▶ O café está mais quente que o ar, a xícara e o pires.

▶ O suco está mais quente que o gelo.

▶ Termômetro clínico analógico. Para que o líquido volte à posição inicial no interior do bulbo, é necessário sacudi-lo vigorosamente.

▶ Termômetro clínico digital, utilizado para medir a temperatura de nosso corpo.

▶ Termômetro digital de rua em Silveira Martins, Rio Grande do Sul, 2016. O símbolo **°C** significa "graus Celsius".

Na prática — Experimento

Ao colocarmos os dois pés em um piso frio, de rocha ou cerâmica, é possível ter a sensação de que um dos pés se encontra em uma superfície mais fria que o outro?

Material:

- papel-alumínio;
- tapete pequeno ou toalha;
- tesoura sem ponta.

Procedimento

1. Recorte um retângulo de aproximadamente 20 cm de largura e 30 cm de comprimento no papel-alumínio.
2. Coloque o pedaço de papel-alumínio ao lado do tapete (ou toalha), de preferência sobre um piso de cerâmica.
3. Sem sapatos ou meias, posicione um pé sobre o tapete (ou toalha) e o outro sobre o papel-alumínio.

Com base nos resultados desta atividade, responda às questões a seguir.

1 Você sentiu diferença na sensação térmica ao entrar em contato com o piso com os dois materiais? Explique.

_____
_____

2 Você acha que há diferença entre as temperaturas do piso nos locais em que estão cada um dos pés? Explique.

_____
_____
_____

Atividades

1 Alguns corpos conduzem melhor o calor do que outros. Os metais – como ferro, alumínio, cobre e prata – são bons condutores de calor. Já madeira, cerâmica, borracha e cortiça são maus condutores de calor. Sabendo disso, responda às questões.

a) Quando está no fogo, que parte da panela fica mais quente: a parte de alumínio ou o cabo? Por quê?

_____

_____

b) Por que as panelas têm cabo de madeira ou de plástico e não de alumínio?

_____

_____

2 Para que o termômetro é usado?

_____

_____

3 Observe a fotografia ao lado, de uma tigela de sopa quente, e responda às questões.

a) Como ocorre a troca de calor entre a sopa e o ambiente?

_____

b) O que ocorrerá depois que a sopa ficar exposta ao ambiente por bastante tempo?

_____

CAPÍTULO 4
Som, luz e os sentidos

De onde está vindo o som?

Junte-se a quatro colegas para fazer a atividade a seguir.

1. Escolham um de vocês, que será chamado de **A**. Ele terá os olhos vendados por um pedaço de tecido e ficará no centro da sala de aula.

2. Os demais do grupo se posicionarão ao redor de **A**, sem que ele veja, a pelo menos 2 metros de distância dele (na frente, atrás, do lado direito e do lado esquerdo).

3. Cada aluno, na sua vez, chamará **A** em voz alta; **A** deve adivinhar quem falou e apontar na direção dele.

4. Para cada acerto de nome, **A** ganhará 5 pontos; para cada acerto de posição, ganhará mais 5 pontos.

5. Na próxima rodada, outro aluno ficará com a venda nos olhos. Vence o jogo aquele que fizer o maior número de pontos.

Michel Borges

1 Foi mais difícil reconhecer o colega ou localizá-lo? O que torna a voz de um colega diferente da de outro?

2 O sentido da visão fez falta nessa atividade?

3 Em quais condições é necessário guiar-se pelo sentido da audição? Você já passou por alguma situação desse tipo?

O som e a audição

As **orelhas** são os órgãos do sentido da **audição**. Com elas, percebemos diferentes sons e a intensidade de cada um.

Há, nas orelhas, uma parte externa e uma interna. A parte externa recebe os sons do ambiente, e seu formato em concha é adequado para isso.

Quando queremos ouvir melhor, até colocamos a mão atrás da orelha, não é mesmo?

Dentro da orelha há um canal, no qual é comum haver cera e pelos, que ajudam a evitar a entrada de poeira e de microrganismos.

No final desse canal há uma membrana denominada tímpano ou membrana timpânica, que vibra quando o som chega até ela, de forma semelhante ao filme plástico do experimento da **página 129**.

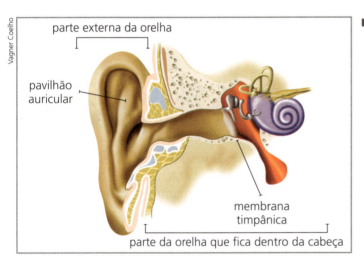

▶ Esquema simplificado de corte na orelha humana que mostra que uma parte dela é externa e outra é interna (fica dentro da cabeça).

As proporções entre as estruturas representadas não são as reais.

As orelhas também precisam de cuidados para estar sempre limpas. Durante o banho, lave-as com água e sabão na região externa, e depois seque-as com a toalha.

Além de lavá-las, preste atenção em alguns cuidados especiais:

- mantenha as orelhas limpas sem usar hastes flexíveis, pois podem danificar a membrana timpânica;
- nunca coloque objetos no canal da orelha;
- evite escutar música com fones de ouvido por longos períodos e em volume alto, pois pode causar perda auditiva;
- não fique em lugares muito barulhentos nem escute música em volume muito alto, também para evitar perda auditiva.

Um pouco mais sobre

Crianças surdas usam a vibração do som para tocar instrumentos musicais

[...]

João e mais nove garotos da banda Música do Silêncio são deficientes auditivos. Eles são os responsáveis pelos tambores do grupo e dificilmente perdem o ritmo da música, como se pudessem escutá-la.

"É fácil. Não preciso ouvir. Eu sinto a música aqui dentro", gesticula João, apontando para o peito. [...]

À primeira vista, pode parecer que a música não faz parte do universo silencioso de quem não ouve. Mas nada impede a prática de instrumentos.

"Eles sentem a vibração das canções no corpo", diz Fábio Bonvenuto, maestro da banda, que é formada por estudantes de escolas municipais de São Paulo. A iniciativa rendeu até um convite para apresentações em Portugal [...].

▶ Banda Música do Silêncio tocando instrumentos musicais.

Bruno Molinero. *Folhapress*, 28 set. 2013. Disponível em: <www1.folha.uol.com.br/folhinha/2013/09/1348605-criancas-surdas-usam-a-vibracao-do-som-para-tocar-instrumentos-musicais.shtml>. Acesso em: 8 abr. 2019.

1 De acordo com o texto, pessoas que perderam a audição são capazes de tocar instrumentos? Como?

2 As pessoas podem nascer sem audição ou perder esse sentido em razão de doenças ou por falta de cuidado com as orelhas. De que modo podemos cuidar de nossa audição e evitar prejudicá-la?

3 Você acha importante que pessoas surdas tenham oportunidade de aprender a tocar instrumentos musicais e desenvolver atividades comuns para outras pessoas?

A luz e a visão

Enxergamos o mundo que nos cerca por meio da **visão**. Os **olhos** são responsáveis pela visão e estão localizados na face.

Ao visualizar uma imagem, os estímulos luminosos entram nos olhos. Em um ambiente sem iluminação, portanto, não é possível enxergar.

Para que os olhos se mantenham saudáveis, são necessários cuidados. Conheça alguns deles:

- evite esfregar os olhos – eles são sensíveis e podem se ferir;
- não coloque as mãos sujas nos olhos para evitar contaminá-los com microrganismos que causam doenças;
- nunca olhe diretamente para o Sol – a luz intensa danifica a visão;
- não encoste nada nos olhos, você pode prejudicá-los;
- evite ler em ambientes pouco iluminados e ficar muito tempo bem perto de telas de celular, televisão ou computador;
- consulte regularmente um **oftalmologista**, que é o médico especialista em olhos.

A luz em nossa vida

Além de possibilitar a existência da vida, a luz solar é importante para nossas atividades. Por isso, as pessoas criaram tecnologias para produzir luz mesmo quando o Sol não está presente, como as lâmpadas.

Geralmente, usa-se energia elétrica para o funcionamento das lâmpadas e de aparelhos tecnológicos, como computadores e celulares. Para evitar o desperdício de dinheiro, é preciso economizar energia. Vamos trabalhar essa ideia?

1. Para começar, usando uma câmera fotográfica ou um telefone celular, fotografe em sua casa ou na escola dois aparelhos elétricos que produzam som ou luz.

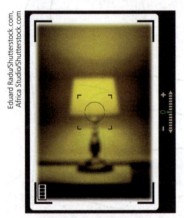

▶ Imagem mal focalizada.

▶ Imagem bem focalizada.

Olho vivo!

ATENÇÃO: Tome cuidado e use as duas mãos para segurar o equipamento.

É preciso paciência para tirar fotografias nítidas.

2. Depois, junte-se a um colega e transfiram as fotografias de vocês para um computador. Cada fotografia vai gerar um arquivo. Crie um nome para identificá-lo.
3. Pesquisem em *sites* algumas ações para economizar energia. Copiem as que se aplicam aos objetos que fotografaram.
4. Depois, abram um arquivo de programa de edição de texto e colem as fotografias de vocês.
5. Usando as informações pesquisadas, elaborem legendas para as fotografias com dicas de como economizar energia.
6. Elaborem um título para o trabalho e combinem com o professor uma maneira de divulgá-lo.

Atividades

1 Os cães têm orelhas muito sensíveis. Eles conseguem escutar sons que são emitidos em locais muito distantes e que nós, seres humanos, não conseguimos. Considerando essas informações, responda:

▶ Cachorro.

a) O que pode ser feito para evitar que a audição dos cães seja prejudicada por causa do barulho?

_____

_____

_____

b) O que o barulho em excesso pode causar à audição?

_____

_____

2 Observe as imagens. As atitudes das crianças em relação aos órgãos dos sentidos estão corretas? O que você diria a cada uma delas?

a)

▶ Menina olha avião que está passando na frente do Sol.

b)

▶ Menino com fones de ouvido escuta som em volume alto.

Hora da leitura

A estrelinha mágica

O texto abaixo fala de uma estrela que tenta se esconder... Será possível? Como?

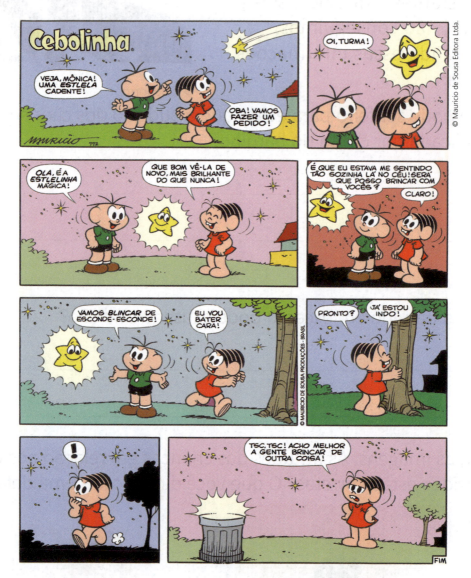

1. Que fonte de luz é uma estrela: natural ou artificial?

2. Em que situações o som está presente na história em quadrinhos? Em que meio ele se propaga?

3. Por que a estrelinha não conseguiu se esconder? A lata de lixo é feita de material transparente, opaco ou translúcido?

Cuidados com a audição

Leia a entrevista com a médica otorrinolaringologista Maria Luísa Pinheiro. Ela cuida da saúde das orelhas, do nariz e da garganta.

Dra. Maria Luísa

Em que fase da vida as pessoas têm mais problema de audição?

Isso ocorre em todas as fases da vida, mas é mais comum em crianças e idosos.

Que cuidados devem ser tomados com os idosos?

É preciso estar atento à perda de audição em pessoas idosas, pois o fato de não ouvir pode levá-las a se distanciar do convívio afetivo e social.

Que orientações você pode dar às crianças para prevenir problemas de audição no futuro?

▶ Doutora Maria Luísa, médica otorrinolaringologista.

Evitar o uso de fones de ouvido com som alto e por períodos prolongados, pois pode causar perdas auditivas; evitar ambientes nos quais haja poluição sonora; nunca limpar as orelhas com objetos que possam perfurar o tímpano; sempre que necessário, procurar um médico.

Como saber quando é preciso consultar um médico especializado em orelhas?

Em casos de baixo rendimento escolar ou repetidas otites, a criança deve ser avaliada por um otorrinolaringologista.

O que as crianças precisam saber da membrana timpânica?

Ela é bem fininha e vibra quando é atingida pela onda sonora. Com isso, as vibrações são transmitidas para dentro da orelha e podemos escutá-las. Costumo comparar essa membrana com a de um tambor, pois as duas vibram e produzem som.

1. Você sabia que a nossa audição depende de membranas tão frágeis? O que devemos fazer para protegê-las?

Revendo o que aprendi

1 Leia o texto a seguir e responda às questões propostas.

Os sons da bateria das escolas de samba, de bandas e de outros grupos são produzidos pela ação dos ritmistas em instrumentos musicais, como tamborins, pandeiros, cuícas e surdos, que vibram ao ser tocados.

Ao vibrar, esses instrumentos emitem ondas sonoras que são transmitidas pelo ar e se propagam, fazendo vibrar pequenas partículas que o compõem. Essa vibração chega até nossas orelhas.

▶ Banda tocando em festa de Congada, evento tradicional. Guaratinguetá, São Paulo, 2012.

Do mesmo modo, o som produzido nas pregas vocais do intérprete da música chega até nós por meio do ar.

a) O que é necessário para que o som se propague?

_____

_____

b) Que parte de nosso corpo vibra quando emitimos os sons de nossa voz?

_____

c) Quais órgãos de nosso corpo são responsáveis pela audição?

_____

d) Que cuidados devemos ter com os órgãos da audição?

_____

_____

2 Você estudou que os corpos podem ser opacos, translúcidos ou transparentes. Identifique os objetos a seguir de acordo com essa classificação e explique a característica de cada grupo.

▶ Caderno de papel.

▶ Porta de vidro jateado.

▶ Vaso de cerâmica.

▶ Recipiente de vidro.

_____ _____ _____ _____

_____ _____ _____ _____

_____ _____ _____ _____

3 Geórgia estava fazendo uma tarefa de casa que tinha a luz como tema. Ela escreveu: "O Sol é uma fonte natural de luz e a lanterna é uma fonte artificial. A luz se propaga em curvas, iluminando todo o local". Você concorda com o texto de Geórgia? Explique.

_____

_____

4 Suponha que haja, à sua frente, uma bacia com água morna e que sua mão esteja bem gelada devido ao frio do ambiente. Você coloca a mão na bacia com água morna. Como ocorre a troca de calor entre sua mão e a água da bacia?

_____

_____

_____

Nesta unidade vimos

As imagens não estão representadas na mesma proporção.

- Os sons são produzidos por vibrações em materiais. Eles são importantes para a interação entre as pessoas, bem como entre elas e o ambiente.

▶ O som produzido pela vibração do metal propaga-se pelo ar, como visto na página 128.

- As fontes de luz podem ser naturais, como o Sol, e artificiais, como a lâmpada. A luz se propaga em linha reta e em alta velocidade. Em relação à passagem de luz, os corpos podem ser transparentes (vidro), translúcidos (papel-manteiga) e opacos (madeira).

▶ Objetos opacos não deixam a luz passar, como visto na página 135.

- Calor é a transferência de energia térmica de um corpo a outro por causa da diferença de temperatura entre eles. Para medir a temperatura de um corpo, é usado o termômetro.

▶ Termômetro mede a temperatura, como visto na página 139.

- Com as orelhas e os olhos, captamos os sons e a luz do ambiente, respectivamente; assim, é possível ouvir e enxergar. As orelhas e os olhos são órgãos que necessitam de cuidados especiais para se manterem saudáveis.

▶ Menina ouvindo, conforme visto na página 143.

Para finalizar, responda:

- O que caracteriza o som, a luz e o calor?
- Com quais órgãos dos sentidos percebemos esses tipos de energia?
- Que cuidados devemos ter com os órgãos dos sentidos?

Para ir mais longe

Livros

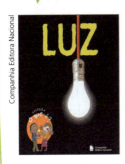

- **Luz**, de Charline Zeitoun. São Paulo: Companhia Editora Nacional, 2006.

  Apresenta informações interessantes sobre a luz, explica sua importância e como uma máquina fotográfica consegue captá-la.

- **Som e luz**, de Jack Challoner. Barueri: Girassol, 2013.

  Traz vários experimentos, além de princípios científicos e curiosidades.

Filme

- **Helen Keller e o milagre de Anne Sullivan**. Estados Unidos, 2000. Direção: Nadia Tass, 95 min.
  O filme relata a história real de Helen Keller, uma menina que ficou surda e cega antes de completar 2 anos de idade. Com esforço próprio e de sua professora Anne Sullivan, Helen conseguiu superar suas deficiências.

Sites

- **Como produzir sons de alturas diferentes?**: <http://casadecurioso.com.br/experimentoDetalhado.php?cod=227>. Mostra experimentos para perceber sons graves e sons agudos.
- **Copos musicais**: <http://chc.org.br/copos-musicais>. Aprenda a fazer um órgão musical com copos.

Visitação

- **Parque da Ciência Newton Freire Maia.** Pinhais, Paraná. Pavilhões temáticos para visita. No Pavilhão Energia, você encontrará informações sobre as diversas formas de energia, como a luz. Mais informações em: <www.parquedaciencia.pr.gov.br>.
- **Guia de Centros e Museus de Ciências do Brasil – 2015**. Para outros museus brasileiros, consulte: <www.casadaciencia.ufrj.br/Publicacoes/guia/Files/guiacentrosciencia2015.pdf>.

Atividades para casa

Unidade 1

Capítulo 1: Astros que vemos no céu

1. Depois da aula sobre astros do Universo, Diego ficou com algumas dúvidas. Vamos ajudá-lo? O que você responderia para ele?

   a)

   Qual é mesmo a diferença entre um planeta e uma estrela?

   _____
   _____
   _____

   b)

   Sei que o Sol é um astro luminoso e que a Terra é um astro iluminado. Mas qual é a diferença entre luminoso e iluminado?

   _____
   _____
   _____

   c)

   O Sol é uma estrela, mas será que existem outras estrelas no Universo?

   _____
   _____
   _____

2. A Lua apresenta diferentes aspectos, que chamamos de fases. Quantas são e como se chamam as fases da Lua?

   _____

Capítulo 2: O tempo passa

1 Ana Maria estava fazendo sua tarefa de Ciências e escreveu o parágrafo a seguir.

> "Se acompanharmos o movimento do Sol no céu durante um dia, perceberemos que ele gira ao redor da Terra, ocupando diferentes posições".

Você concorda com o que Ana Maria escreveu? Justifique sua resposta.

_____

_____

2 Leia a tirinha com atenção e, depois, faça o que se pede.

a) Qual movimento da Terra é abordado na tirinha?

_____

b) Explique esse movimento.

_____

Capítulo 3: A Terra e suas representações

1 Reconheça a forma de representar o planeta Terra caracterizada nas frases a seguir e, depois, complete-as.

a) Mapa que representa toda a superfície do planeta em uma área plana: _____.

b) Representação mais fiel das características de nosso planeta: _____.

2 Observe a imagem e escreva nos retângulos a forma de representar a Terra indicada por eles.

3 Volte à página 20 do seu livro e observe o mapa-múndi. Perceba que existem grandes áreas com a cor azul. O que elas representam? E as áreas com outras cores?

_____

_____

Capítulo 4: Um pouco sobre exploração espacial

1. Complete o diagrama de palavras.

   1. Cientista que em 1609 começou a usar a luneta para observar o céu.
   2. É encontrada na luneta e aumenta a imagem de objetos.
   3. A estação _____ orbita a Terra e é utilizada como centro de pesquisa.
   4. Veículo que possibilita que os astronautas viajem pelo espaço.
   5. Instrumento com lentes que possibilita observar os astros, podendo ter espelhos também.
   6. Equipamento lançado no espaço e usado em transmissão de sinais de telefone, internet e televisão, para localização etc.
   7. Pessoa treinada para fazer viagens espaciais.
   8. Astro que não deve ser observado diretamente por equipamentos, como binóculos e telescópios, para evitar danos à visão.

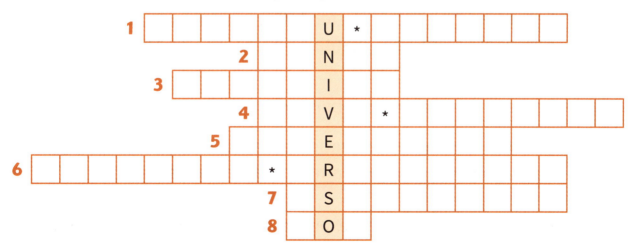

2. Foram criadas muitas tecnologias necessárias às viagens espaciais. Elas possibilitaram também o desenvolvimento de muitos aparelhos e materiais que usamos no dia a dia. Escreva no caderno o nome e a função de três deles.

Unidade 2

Capítulo 1: Componentes não vivos da Terra

1 Observe a imagem e responda:

a) Que componentes não vivos estão visíveis na imagem?

_____

_____

b) Na imagem, que componente não vivo fundamental à vida é invisível?

_____

2 Utilizando as letras de cada item, relacione com as frases a seguir.

a) Sol   b) ar   c) água   d) solo

☐ Cobre a maior parte da superfície da Terra e é indispensável à vida.

☐ Encontrado na superfície terrestre, é fundamental para o desenvolvimento das plantas e para fornecer abrigo e alimento aos animais.

☐ Fornece luz e calor, possibilitando a vida na Terra.

☐ Envolve a Terra, sendo fundamental na filtração da radiação solar e na manutenção da temperatura do planeta.

3 Escolha um animal terrestre e explique a importância do solo para ele.

_____

_____

_____

Capítulo 2: Ar

1 Desenhe nos espaços a seguir duas situações que possibilitem comprovar que o ar existe.

2 Em relação ao ar, assinale as frases corretas.

☐ O ar está sempre visível a nossos olhos.

☐ O ar forma uma camada em torno da Terra.

☐ O oxigênio e o gás carbônico são gases presentes no ar.

☐ O ar impede a transmissão dos sons.

☐ Podemos notar a existência do ar quando está ventando.

3 Explique a importância do oxigênio e do gás carbônico aos seres vivos escrevendo uma legenda para cada imagem a seguir.

Capítulo 3: Água

1 Escolha as cores para a legenda e depois pinte adequadamente os quadrinhos com os termos.

☐ 1. Características da água potável

☐ 2. Características da água imprópria para nosso consumo

(sem gosto)   (suja)   (com cheiro)

(sem cor)   (limpa)   (sem cheiro)

2 Leia as frases e classifique-as como verdadeiras (**V**) ou falsas (**F**). Depois reescreva as frases falsas, tornando-as verdadeiras.

☐ A água própria para ser consumida não deve ter cheiro, nem cor, nem gosto.

☐ Em muitos locais, a água é tratada em uma estação de tratamento.

☐ Águas de bicas, poços ou rios devem ser consumidas sem serem tratadas.

☐ A filtração e a fervura ajudam a purificar a água.

☐ A água potável não é adequada para o consumo.

_____

_____

_____

3 Desenhe em uma folha de papel uma situação que pode evitar o desperdício de água e escreva uma explicação para seu desenho.

Capítulo 4: Solo

1. Observe a imagem, e depois, responda às questões no seu caderno.

a) Por que a roupa das crianças ficou suja?

b) Do que é formada a sujeira da roupa delas?

c) Qual é a importância do solo para os seres humanos?

2. Observe a imagem a seguir. Ela representa a vegetação próxima de uma lagoa.

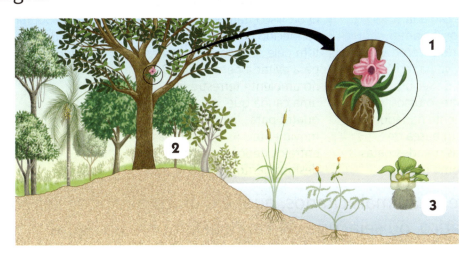

a) Classifique as plantas quanto ao local em que cada uma vive no ambiente: aquática, terrestre ou epífita.

_____

_____

b) Todas as plantas da imagem usam suas raízes para se fixar no solo? Especifique.

_____

_____

Unidade 3

Capítulo 1: Os animais

1 Observe as imagens dos animais e leia as legendas. Depois, responda às questões no caderno.

▶ Pelo grosso e camada de gordura conservam a temperatura do corpo desse animal, que vive na região polar. Apesar de ser um animal terrestre, o urso-polar é excelente nadador e mergulha em busca de alimento. Suas grandes patas funcionam como remos.

▶ O basilisco, também conhecido como lagarto-jesus, tem pele seca com escamas, para evitar a perda de água no ambiente terrestre, e uma cauda que, além das quatro patas, ajuda-o a se movimentar. As membranas entre os dedos facilitam seu deslocamento sobre a água.

▶ O peixe-boi tem corpo grande com nadadeiras e cauda achatada e larga, que o ajudam a nadar.

a) Entre os animais citados, qual é o único que pode ser considerado aquático, ou seja, que vive exclusivamente na água?

b) Todos esses animais estão adaptados para se deslocar na água. Descreva como cada um deles faz isso.

2 Escreva como se locomovem estes animais: águia, peixe, jacaré e gato.

Capítulo 2: Nascimento e desenvolvimento dos animais

1 Para descobrir o que cada item explica, decifre o código, sabendo que símbolos iguais representam letras iguais.

A	Ç	D	E	G	I	L	N	O	P	R	T	U	V
♥	❖	☎	❀	◆	☆	✏	♠	✌	❄	✉	✈	▲	✹

a) Exemplo de animal vivíparo. ✈ ☆ ◆ ✉ ❀

_____

b) Classificação do animal que bota ovos. ✌ ✹ ☆ ❄ ♥ ✉ ✌

_____

c) Nasce de ovos gelatinosos e na água. ◆ ☆ ✉ ☆ ♠ ✌

_____

d) Fase em que a lagarta vira borboleta. ❄ ▲ ❄ ♥

_____

e) Possibilita que os seres vivos gerem descendentes. ✉ ❀ ❄ ✉ ✌ - ☎ ▲ ❖ ♥ ✌

_____

f) Exemplo de animal que nasce de ovos. ✈ ♥ ✉ ✈ ♥ ✉ ▲ ◆ ♥

_____

g) Classificação do animal que nasce da barriga da fêmea. ✹ ☆ ✹ ☆ - ❄ ♥ ✉ ✌

_____

Capítulo 3: Agrupando os animais

1 Na tabela, organize os animais a seguir de acordo com o revestimento do corpo deles.

> ema   boi   tartaruga   peixe   gato
> serpente   cachorro   galinha   pato

Pelos	Penas	Escamas ou carapaça

2 Observe os animais representados a seguir e complete as informações sobre eles, considerando pernas e antenas.

A aranha tem _____ pernas e _____ antenas.

A formiga tem _____ pernas e _____ antenas.

A lagosta tem _____ pernas e _____ antenas.

3 Escreva no caderno uma legenda para cada imagem a seguir, descrevendo como são as patas e pelo menos um dos usos que esses animais fazem delas.

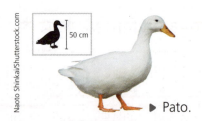
▶ Pato.

▶ Águia.

Capítulo 4: Animais × cuidados

1 Leia trechos de duas notícias e responda às questões no caderno.

Acidentes com lagartas são frequentes nos meses quentes do ano. O contato com esses animais ocorre, geralmente, durante a realização de atividades que envolvem a manipulação de galhos, troncos, folhas e coleta de frutos. Por isso, recomenda-se atenção especial nessas ocasiões, principalmente com as crianças.

_{Saúde estadual alerta para risco de acidentes com lagartas. *Secretaria de Estado de Saúde de Minas Gerais*, 28 abr. 2007. Disponível em: <www.saude.mg.gov.br/component/gmg/story/188-saude-estadual-alerta-pararisco-deacidentes-com-lagartas-sesmg>. Acesso em: mar. 2019.}

[...]
Para evitar contato com escorpiões e o consequente risco de picadas, o recomendável é manter esses animais longe das residências. Para isso, deve-se evitar o acúmulo de lixo e mantê-lo bem armazenado e fechado, além de vedar ralos, frestas, soleiras de portas, afastar as camas das paredes e evitar que cobertas, lençóis e colchas encostem no chão, porque eles podem subir por elas [...].

_{Evanildo da Silveira. Adaptados ao ambiente urbano, escorpiões proliferam e picam cada vez mais. *BBC Brasil*, 1 abr. 2018. Disponível em:<www.bbc.com/portuguese/geral-43549846>. Acesso em: mar. 2019.}

a) As notícias fazem referência a dois animais: lagartas e escorpiões. Qual deles é considerado peçonhento? Por quê?

b) Que atitudes podem evitar acidentes com lagartas?

c) E que atitudes podem evitar acidentes com escorpiões?

2 Circule a ilustração que pode representar uma das causas da extinção dos animais.

Unidade 4

Capítulo 1: Som

1 Complete o diagrama de palavras.

1. Para que os sons sejam produzidos é preciso haver _____ em um meio material.

2. Parte do corpo onde se encontram as estruturas responsáveis pela produção do som.

3. Órgão do sistema respiratório onde ficam as pregas vocais.

4. Tipo de vibração que se propaga em um meio material.

5. Característica do som que possibilita diferenciar a voz das pessoas.

6. As pregas _____ são estruturas do corpo humano que vibram com a passagem do ar e possibilitam a formação da voz.

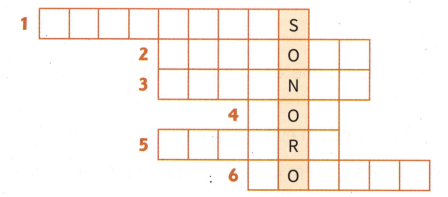

2 Observe as imagens a seguir e escreva no caderno uma legenda que explique em qual meio material o som está se propagando.

a)

b)

c)

Capítulo 2: Luz

1 Cite um exemplo de fonte de luz natural e de fonte de luz artificial.

_____

_____

2 Observe as imagens. Em todas elas, é possível ver a luz do outro lado do tubo? Justifique sua resposta.

_____

_____

3 Defina, no caderno, corpo transparente, corpo translúcido e corpo opaco, exemplificando-os.

4 Observe as imagens a seguir e, com base nas características da sombra, circule a localização aproximada da fonte de luz que ilumina os corpos.

a) gato

b) menina

c) morango

Capítulo 3: Calor

1 Encontre no diagrama a seguir palavras relacionadas ao estudo do calor.

A	G	D	O	R	Y	P	R	O	Y	A	R	A	K	O
O	E	N	E	R	G	I	A	T	É	R	M	I	C	A
Â	W	Ã	Ê	O	D	O	Ô	C	F	H	L	O	A	V
U	Á	F	T	E	R	M	Ô	M	E	T	R	O	J	Ô
Ã	X	V	Z	O	F	R	I	O	J	O	H	A	O	Ã
N	U	T	Ó	N	N	Ê	C	T	C	A	L	O	R	K
U	E	É	G	U	D	Í	A	U	Á	U	R	A	Ç	P
S	E	N	S	A	Ç	Ã	O	T	É	R	M	I	C	A
Y	K	P	Z	Ú	É	M	O	R	N	O	Õ	J	T	Z

2 Ajude Priscila a fazer a tarefa de Ciências completando o esquema a seguir com as sensações que ela experimentou. Depois, responda à questão.

> Ao colocar a mão gelada na água em temperatura ambiente,

> Ao colocar a mão aquecida na água em temperatura ambiente,

O que é necessário para ter certeza da temperatura da água: basear-se na sensação térmica ou usar um termômetro? Justifique sua resposta.

_____
_____
_____

Capítulo 4: Som, luz e os sentidos

1 Complete o esquema a seguir, relacionado com os sentidos da audição e da visão.

AUDIÇÃO
Órgão responsável

☐

Onde se encontra o

☐

que vibra com o

☐

VISÃO
Órgão responsável

☐

Ele depende da

☐

para poder

☐

2 Sobre os cuidados com as orelhas, escreva **V** (verdadeiro) ou **F** (falso) para as frases a seguir.

☐ As orelhas devem ser mantidas sempre limpas.

☐ Não é adequado usar hastes flexíveis para limpar as orelhas.

☐ Escute música alta sempre com fones de ouvido.

☐ Nunca coloque objetos no canal das orelhas.

☐ Use objetos pontudos para limpar as orelhas.

3 Observe as imagens a seguir e assinale um **X** naquelas que mostram atitudes inadequadas em relação aos olhos. Depois, justifique suas escolhas.

☐ ☐ ☐ ☐

Referências

BARBOSA, Déborah Márcia de Sá; BARBOSA, Arianne de Sá. Como deve acontecer a inclusão de crianças especiais nas escolas. In: ENCONTRO DE PESQUISA EM EDUCAÇÃO DA UNIVERSIDADE FEDERAL DO PIAUÍ, 3., 2004, Teresina. *Anais*... Disponível em: <http://leg.ufpi.br/subsiteFiles/ppged/arquivos/files/GT8.PDF>. Acesso em: 12 abr. 2019.

BOLONHINI JR., Roberto. *Portadores de necessidades especiais*: as principais prerrogativas dos portadores de necessidades especiais e a legislação brasileira. São Paulo: Arx, 2004.

BRASIL. Congresso Nacional. Câmara dos Deputados. *Estatuto da criança e do adolescente*. 15. ed. Brasília: Edições Câmara, 2015 [1990].

_____. Ministério da Educação. *Base Nacional Comum Curricular*. Brasília, 2017.

_____. Ministério da Educação. Secretaria de Educação Básica. Diretoria de Currículos e Educação Integral. *Diretrizes Curriculares Nacionais da Educação Básica*. Brasília, 2013.

CACHAPUZ, António (Org.) et al. *A necessária renovação do ensino das Ciências*. São Paulo: Cortez, 2011.

CANIATO, Rodolpho. *O céu*. São Paulo: Átomo, 2011.

COLL, C.; PALACIOS, J.; MARCHESI, A. (Org.). *Desenvolvimento psicológico e educação*. Porto Alegre: Artes Médicas, 1995.

DORNELLES, Leni Vieira; BUJES, Maria Isabel E. (Org.). *Educação e infância na era da informação*. Porto Alegre: Mediação, 2012.

FRAIMAN, Leonardo de Perwin e. *A importância da participação dos pais na educação escolar*. São Paulo. Dissertação (Mestrado em Psicologia) – Instituto de Psicologia da Universidade de São Paulo. Disponível em: <http://docplayer.com.br/336142-Leonardo-de-perwin-e-fraiman-a-importancia-da-participacao-dos-pais-na-educacao-escolar.html>. Acesso em: 12 abr. 2019.

FREIRE, Paulo. *Educação como prática da liberdade*. 32. reimp. Rio de Janeiro: Paz e Terra, 2009.

GOLEMAN, D. *Inteligência emocional*: a teoria revolucionária que redefine o que é ser inteligente. Rio de Janeiro: Objetiva, 1995.

HEWITT, Paul G. *Física conceitual*. São Paulo: Bookman, 2015.

LAMPERT, Ernani (Org.). *Educação, cultura e sociedade*: abordagens múltiplas. Porto Alegre: Sulina, 2004.

LA TAILLE, Yves de; OLIVEIRA, Marta Kohl de. *Piaget, Vygotsky, Wallon*: teorias psicogenéticas em discussão. São Paulo: Summus, 1992.

MOREIRA, Marco A. *A teoria da aprendizagem significativa e sua implementação em sala de aula*. Brasília: Editora da UnB, 2006.

MORETTO, Vasco P. Reflexões construtivistas sobre habilidades e competências. *Dois Pontos*: Teoria & Prática em Gestão, v. 5, n. 42, p. 50-54, 1999.

SANTOS, W. L. P. Educação científica na perspectiva de letramento como prática social: funções, princípios e desafios. *Revista Brasileira de Educação*, Rio de Janeiro, v. 12, n. 36, dez. 2007. Disponível em: <www.scielo.br/pdf/rbedu/v12n36/a07v1236.pdf>. Acesso em: 12 abr. 2019.

SCHIEL, Dietrich; ORLANDI, Angelina Sofia (Org.). *Ensino de Ciências por investigação*. São Carlos: Centro de Divulgação Científica e Cultural/USP, 2009.

SCHROEDER, Carlos. Atividades experimentais de Física para crianças de 7 a 10 anos. *Textos de apoio ao professor de Física*. Porto Alegre: UFRGS, Instituto de Física, n. 16, 2005.

TEIXEIRA, Wilson e outros. *Decifrando a Terra*. 2. ed. São Paulo: Companhia Editora Nacional, 2009.

TORTORA, Gerard J. *Corpo humano*: fundamentos de anatomia e fisiologia. 8. ed. Porto Alegre: Artmed, 2010.

TOWNSEND, Colin R.; BEGON, Michael; HARPER, John L. *Fundamentos em Ecologia*. 3. ed. Porto Alegre: Artmed, 2010.

Encartes

Peças para a atividade das páginas 34 e 35.

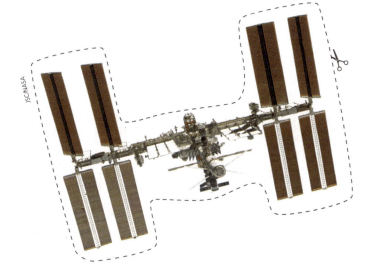

Peças para a atividade 1 da página 96.

Peças para a atividade das páginas 116 e 117.

Ilustrações: Karina Faria

Recortar